WEGE ZUM GLEICHGEWICHT

WEGE ZUM GLEICHGEWICHT

Höhere Bewußtheit,
Selbstheilen und Meditation

Tarthang Tulku

Besonderer Dank gilt all jenen, die durch ihre freundliche Mithilfe und finanzielle Unterstützung zur Entstehung dieses Buches beigetragen haben, insbesondere Thomas Nuber für die Satzgestaltung und Dr. Jacques Schiltknecht für seinen finanziellen Beitrag.

CIP - Einheitsaufnahme der Deutschen Bibliothek:

Tarthang <Tulku>
Wege zum Gleichgewicht: höhere Bewußtheit, Selbstheilen und Meditation / Tarthang Tulku.
[Autorisierte Übers. aus dem Amerikan. vom Übers.-Team der Nyingma Gemeinschaft]. –
Münster: Dharma Publ. Deutschland, 1997
Einheitssacht.: Gesture of balance <dt.>
ISBN 3-928758-12-8

Die Orginalausgabe erschien unter dem Titel *Gesture of Balance*
1977 im Verlag Dharma Publishing, Berkeley, USA
© Dharma Publishing, Berkeley

Autorisierte Übersetzung aus dem Amerikanischen vom Übersetzerteam der Nyingma Gemeinschaft, in Anlehnung an die Übersetzung von Matthias Dehne, die 1989 im Sphinx Verlag erschienen ist. Das Übersetzerteam übernimmt die volle Verantwortung für alle eventuellen Fehler.

Abbildungen:
S.191: Dorje Legpa, ein Beschützer des Buddha-Dharma
S.193: Stupa, Symbol reiner Bewußtheit

Druck: Dharma Druck, Altenberge
Printed in Germany

ISBN 3-928758-12-8

Inhalt

Hinweis
    Kurse zum Thema des Buches werden von der
    Nyingma Gemeinschaft e.V. , Wilhelmstraße 28,
    48149 Münster, Tel. 02 51 - 29 62 47
    veranstaltet.

Einführung

von Lama Anagarika Govinda

(Ācārya, Ārya Maitreya Maṇḍala)

Tarthang Tulku ist einer der wenigen geistigen
Führer Tibets, dem es nicht nur gelang, die Botschaft
des Ostens dem Westen zu vermitteln, sondern der auch
imstande war, diese Botschaft im Westen Wurzeln schlagen
zu lassen. Ursache seines Erfolges war, daß er nicht unerfüllbare Forderungen stellte (zum Beispiel die einer mönchischen
Lebensweise, die von vornherein die Mehrzahl religiös streben-
der Menschen ausschließt), sondern trotz Beibehaltung seiner
eigenen Kultur in Religion, Literatur und Kunst, kurz: aller Zwei-
ge tibetischer Tradition, die Kulturgüter des Westens respek-
tierte, um aus der Verbindung beider Kulturen einen lebens-
fähigen Organismus zu bilden.

Wie ich schon bei früherer Gelegenheit sagte, hat Tarthang
Tulku, der als mittelloser Flüchtling nach Kalifornien kam, in
sieben Jahren das vollbracht, was alle buddhistischen Gesell-
schaften Europas in siebzig Jahren nicht vollbringen konnten.
Und das ist um so erstaunlicher, als er sich auf eine uralte Tradition stützt, deren Verarbeitung er mit aller Strenge fordert,
um zunächst eine innere und äußere Disziplin herzustellen.
Gleichzeitig machte er sie, ohne die Errungenschaften westlicher Kultur zu verwerfen, der östlichen Denkweise nutzbar,
indem er das Beste des Ostens mit dem Besten des Westens
verbindet und so eine Synthese menschlicher Bestrebungen
schafft, die kein bloßer Synkretismus ist, sondern zu einer
lebendigen Geisteshaltung wird.

›Der wahre Prüfstein unserer Kraft und unseres Fortschritts
ist die Fähigkeit, unsere Hindernisse und Emotionen in heil-

same Erfahrungen umzuwandeln.‹ (S.158) und auf S.26 heißt es: ›Auch ein sogenannter spiritueller Mensch kann angenehm leben, sich an seiner Arbeit erfreuen, für seine Familie sorgen und in der Gesellschaft und der Welt erfolgreich sein.‹ – Diese Geisteshaltung wird möglich, wenn wir das menschliche Bewußtsein unvoreingenommen ergründen, wie dies sowohl in tibetisch-tantrischer als auch in der modernen Psychologie geschieht.

Ebenso wie sich die über ein Jahrtausend alte tantrische Psychologie Tibets gegen alle scholastischen Interpretationen zur Wehr setzte und zu einer Revolutionierung des Buddhismus führte – deren Folgen selbst heutzutage noch nicht übersehbar sind und den Buddhismus zu einer menschheitsumschließenden, universalen Anschauungsform machen –, so dürfen wir nicht Althergebrachtes unbesehen übernehmen, sondern müssen es nach eigener Einsicht und Erfahrung prüfen. Erst nachdem wir uns voll von der Richtigkeit und dem Wert der Tradition, des Überlieferten, überzeugt haben, können wir diese unserem eigenen Bewußtsein einverleiben. Es ist ein Charakteristikum des Buddhismus, daß er nicht auf einem bloßen Fürwahrhalten, einem blinden Glauben begründet ist, sondern auf eigenem Erleben; auf der durch Erleben gewonnenen Überzeugung. ›Um diese Lehren verstehen zu können, müssen wir sie an uns selbst erfahren und sie im Alltag prüfen.‹ (S.135) ›Sobald wir Sprache und Worte dazu gebrauchen, Vorstellungen zu schaffen, trüben wir damit automatisch den gegenwärtigen Augenblick und machen ihn faßbar. Wir haben dann nicht mehr die Möglichkeit, ihn unmittelbar zu erfahren.‹ (S.137) ›Sexualität kann sehr heilsam sein, wenn das Ich dabei nicht beteiligt ist. (Wenn sie) nicht an Besitzansprüche (...) gebunden (ist).‹ (S.124) ›Es reicht nicht, unsere Emotionen und körperlichen Empfindungen zu beobachten. Unsere Erfahrung an sich ist wichtig.‹ (S.126) ›Gleichzeitig können wir das Tor zu jedem unserer Sinne öffnen – Sehen, Hören, Riechen, Schmekken, Fühlen, Bewußtsein – im meditativen Zustand arbeiten sie

harmonisch.‹ (S.133) ›Dadurch, daß wir diese Energien entwickeln, gehen die Ebenen unserer Erfahrung über den physischen Bereich hinaus. Schließlich erfahren wir sogar Geist und
Materie als eins.‹ (S.84) ›Wir haben die Möglichkeit, unseren
Körper durch positive Energie neu zu erschaffen.‹ (S.84) ›Leiden kann dann als positive Erfahrung gesehen werden.‹ (S.32)
›Wenn wir den Tod betrachten, können wir darin einen natürlichen Übergang erkennen, eine natürliche Fortsetzung und kein
absolutes Ende.‹ (S.32)

Hier kommen wir zum Hauptproblem des tantrischen
Buddhismus: der Verwandelbarkeit der fünf Skandhas von
Prinzipien der Verhaftung an die physische Welt (als den fünf
Stücken des Anhangens) zu den fünf Prinzipien der Verwandelbarkeit in die Eigenschaften der fünf Dhyani-Buddhas. Es
scheint den Vertretern des Kleinen Fahrzeugs völlig entgangen
zu sein, daß die gleichen fünf Skandhas die Grundlage eines
Weltmenschen wie eines völlig erleuchteten Buddha sein können, womit es nur am Menschen selbst liegt, ob er die Skandhas
zu weiterer Verstrickung oder zur endgültigen Erlösung aus
dem Netz des Samsara verwenden will. Nach alter tantrischer
Anschauung ist das, wodurch wir fallen, zugleich auch das Mittel, durch das wir uns wieder erheben können. Gift, wenn richtig angewandt, wird zum Heilmittel, wie wir aus der Medizin
wissen. Alles hängt davon ab, ob wir es in der rechten Propor-
tion und im rechten Zusammenhang verwenden. Selbst gesunde Speise, im Übermaß genossen oder in falscher Kombination,
führt zu Krankheit. ›(Wir denken:)»Wem gehören diese Sinne?
(...) Wer gehört zu diesem *Ich*? Wer sieht, hört und fühlt?« Wir
erkennen nicht, daß dies alles Teile eines natürlichen Gesamtvorganges sind. Stattdessen treten wir dazwischen und sagen:
»Ich sehe. Ich höre. Ich fühle.« Damit beginnt das subjektive
Erfassen von Erfahrung in Begriffen. (...) So wird das Ego
geboren. (...) Mit dem Ego entsteht also Getrenntheit und
Abhängigkeit. So entwickelt sich theoretisch das *Ego*.‹ (S.154)
›Jede Handlung des Körpers und des Geistes wird zur Offen-

barung und zum Ausdruck universeller Energie, die an sich äußerste Schönheit und Freude ist.‹ (S.131) ›Meditieren Sie auf die einfachste, leichteste und unmittelbarste Weise. (...) Dieses *Selbst*, das sich einbildet zu meditieren, hindert uns an wirklicher Meditation.‹ (S.132) Der Buddha wollte keine blinden Nachfolger, sondern verstehende Jünger, die weder aus Liebe noch aus Achtung vor seiner Persönlichkeit, sondern allein aus eigener Erfahrung ihm zustimmten.

Während alle Religionsstifter theistischer Systeme einen Glauben an ihre Person oder ihre Ideen voraussetzen, war es dem Buddha vorbehalten, seine eigenen Nachfolger zu einer kritischen Einstellung zu ermutigen. ›In reiner Bewußtheit gleicht unsere Meditation offenem Himmel, leerem Raum. Es gibt weder Subjekt noch Objekt.‹ (S.154)

›Bestimmte furchterregende Formen erscheinen vielleicht vor uns – aber sie sollten uns keine Angst einjagen, sondern uns nur lehren, daß die von ihnen verkörperten Zustände Teil der Natur unseres Geistes sind und daß sie, wenn wir sie richtig nutzen, positive geistige Energie erzeugen können. Visualisation lehrt uns, unseren gesamten Geist zu nutzen. (...) Dem Geist muß nicht gesagt werden, wie er meditieren oder visualisieren soll; er tut es bereits auf vollkommene Weise.‹ (S.152) ›Wenn die Visualisation sehr entspannt ist, geschieht *Sehen*, obwohl wir nicht notwendigerweise Bilder sehen werden.‹ (S.149) ›Das *Sehen*, auf das wir uns beziehen, hat nicht unbedingt etwas mit physischem Sehen zu tun. *Sehen* bedeutet, den rationalen Verstand beiseite zu lassen, und gelöst und ausgeglichen zu bleiben.‹ (S.131) ›Bewußtheit hat die Eigenschaft der Ganzheit.‹ (S.149) ›(Deshalb) ist jeder einzelne Aspekt unserer Erfahrung kostbar. Es gibt nichts zu verwerfen. (...) der Geist hält sich selbst in Gang; das Fließen erneuert sich selbst.‹ (S.151) ›Vergänglichkeit ist eine grundlegende Eigenschaft menschlichen Seins.‹ (S.23) Diese Tatsache eröffnet dem Buddhismus einen Zugang zum Westen und damit zur ganzen Welt. Denn jedes Dogma ist eine Einschränkung, ein Sich-

Abschließen von Andersdenkenden und somit eine Fessel. Ein Erkenntnissystem wie der Buddhismus setzt dem Denken keine Schranken und kann daher von aller Welt akzeptiert werden und sich jeder Kultur zwanglos einfügen, so wie eine wissenschaftliche Erkenntnis, deren Nachweisbarkeit jedem zugänglich ist. Buddhismus ist sozusagen die Wissenschaft vom Menschen. Da der Mensch aber nicht nur aus Intellekt besteht, sondern auch Gefühle und Emotionen hat, so umschließt die Wissenschaft vom Menschen nicht nur das Gedachte, das wir als ›geistig‹ bezeichnen, sondern auch das Körperliche, seine Sinnesreaktionen und alles, was wir als das ›Materielle‹ dem Geistigen entgegensetzen.

Er ist eine Weltanschauung, die sowohl das Religiöse als auch das Philosophische und Wissenschaftliche in sich birgt. Er ist die einzige Weltanschauung, die sich nicht mit einem hypothetischen Gott, insbesondere nicht mit einem Schöpfergott, sondern die sich mit dem Menschen beschäftigt, ohne deswegen das ›Göttliche‹ in dieser Welt zu leugnen. Der Buddhismus ist in Wirklichkeit eine Geste des Gleichgewichts, ein Führer zur Wahrnehmung, zur Selbstheilung und Meditation, wie Tarthang Tulku in diesem Buch sagt. ›Meditation bedeutet, einfach im gegenwärtigen Augenblick zu leben.‹ (S.155) ›Klammern wir uns nicht länger an unsere Erfahrungen, so gehen wir über das *Ego* hinaus.‹ (S.155) ›Doch Erleuchtung tritt nicht ein, da wir noch so sehr an unseren Begierden und Erwartungen hängen und unsere Bewußtheit nicht frei ist.‹ (S.156) ›Wir brauchen (Wirklichkeit) nicht begrifflich festzulegen, denn wir *wissen* es unmittelbar. (…) Wir können entdecken, daß der menschliche Geist ein großes Potential und enorme Schätze in sich birgt.‹ (S.146)

Wo Tarthang Tulku ungehindert seine Erfahrung sprechen läßt, weht ein frischer Wind durch die Korridore seines Geistes. Verschwunden sind die alten Vorurteile mönchischer Weltanschauung, die im Körper nur einen Haufen verwesender Materie und stinkender Fäulnis sahen und in der Welt eine Anhäufung von Abfall und einen Hexenkessel von Täuschungen, in dem sich alle Freuden in Leid und Verzweiflung verwandeln. Diese Vorstellung vom Körper und der Welt ist nicht das Resultat einer unvoreingenommenen Analyse, sondern eines tief verwurzelten Pessimismus, der seine Ursache im Unbefriedigtsein einer einseitigen und von allgemeinmenschlichen Kontakten abgeschlossenen Lebensweise hat. Nach tantrischer Auffassung ist unser Körper ein Spiegelbild des Kosmos, ein Tempel des Geistes, und wenn wir ihn durch falschen Gebrauch entweihen, so ist dies unsere Schuld, aber nicht die des Körpers. Daher haben die Nachfolger der Nyingma-Lehre von jeher die Heiligkeit der Familie aufrechterhalten und der menschlichen Verkörperung die Anerkennung erwiesen, die schon der Buddha ausdrückte, indem er lehrte: Die Menschwerdung ist die beste aller Verkörperungen, denn die Menschenwelt ist die Welt der Entscheidung, die einzige, in der sich ein freier Wille betätigen kann, ein seltener, schwer erreichbarer Zustand, den wir nutzen sollten. Tarthang Tulku hat uns in diesem Buch den Weg gewiesen, der auch für den heutigen Menschen gangbar ist, ohne daß er seinen Intellekt und seine Erlebnisfähigkeit opfern muß.

Vorwort

DIE in diesem Buch zusammengefaßten Aufsätze sind insofern ungewöhnlich, als sie buddhistische Anschauungen und buddhistisches Gedankengut vorstellen, ohne sich in Theorien über Buddhismus zu verlieren. Allein die Tatsache, daß wir in der westlichen Welt über Buddhismus reden, als handle es sich um ein starres System, das wir mit Hilfe abstrakter Begriffe erfassen könnten – oder gar sollten –, beweist, wie wenig Verständnis für andere Wertvorstellungen selbst in der heutigen Zeit vorhanden ist. Solche Wertvorstellungen sind ins menschliche Leben eingebettet und nicht bloß willkürlich aufgesetzt.

Die folgenden Aufsätze wenden sich an Menschen, die mitten im Leben stehen, und nicht an eine Abstraktion oder ein Schattenbild. Sie sprechen eine Sprache, die intellektuell nachvollziehbar ist und die darüber hinaus tief im Herzen verstanden werden kann. Das macht diese Aufsätze ungewöhnlich – sie sind nicht Stützen oder Haken, an die man seine vorgefaßten Meinungen hängen kann. Sie sind eine Anregung, unsere Stellung im Leben nochmals zu überprüfen und neu einzuschätzen. Durch dieses Wiedererwachen zu dem, was uns naheliegt, werden wir angeregt, uns auf den Weg in Richtung Wachstum und menschlicher Reife zu machen.

Obwohl jeder Aufsatz eine geschlossene Einheit darstellt, enthüllen sie in ihrer Gesamtheit eine stetige Entwicklung. Der Ausgangspunkt ist Ehrlichkeit – Ehrlichkeit uns selbst gegenüber. Dabei sind wir Teil eines breiteren Lebensstroms mit all seinen Wechselfällen und keine unbeteiligten Zuschauer. Als Beteiligte an dem sich immer weiter verbreitenden Lebensstrom können wir nur dann wachsen, wenn wir nicht gegen ihn ankämpfen, wenn wir keine Spannungen und Blockaden aufbauen, sondern nur, wenn wir lernen, uns zu entspannen, damit der Strom ruhig in uns fließen kann. Entspannung ist demnach die unabdingbare Voraussetzung für Meditation, die eine ›Einstimmung‹ auf den Lebensstrom ist und nicht das Schaffen neuer Fixierungen, auch wenn diese als ein Allheilmittel gepriesen werden. Meditation im Sinne von ›Einstimmung‹ führt uns zu erhöhter Bewußtheit, die über die künstlichen Grenzen zwischen Subjekt und Objekt hinausgehen in eine alles umfassende Bewußtheit, die die offenen Wunden des Getrenntseins von uns selbst heilt. Als Teilnehmende am großen Lebensstrom sind wir denen, die vor uns gingen, und denen, die nach uns kommen werden, eng verbunden. Wir haben Sinngebung und Wertvorstellungen von vergangenen Generationen empfangen. Wir überarbeiten dieses Erbe, fassen es neu und übergeben unsere Ergebnisse an unsere Nachkommen. Ob das, was wir zu vermitteln haben, weiterleben wird, hängt von unserer Ehrlichkeit – unserem Ausgangspunkt – ab.

Wenn diese Aufsätze wegen ihrer Direktheit ungewöhnlich sind, so sind sie es um so mehr, weil durch sie ihr Autor in neuem Licht erscheint. In der Weise, in der wir dazu neigen, eine tatsächlich gegebene Botschaft und deren praktische Anwendung zu abstrahieren, liegt es uns nahe, uns ein Bild von einem Menschen zu machen, und indem wir an die Echtheit des Bildes glauben, vergessen wir die eigentliche Person. Ein Mensch kann nie mittels starrer Begriffe erfaßt werden. Er ähnelt mehr einem Kristall, der in vielen Farben schimmert. Der Titel ›Rinpoche‹ bedeutet ›Kostbarkeit‹. Die Kostbarkeit eines Kristalls liegt in seinen vielen Facetten. Bei der Lektüre dieser Aufsätze entdecken wir eine höchst wichtige Eigenschaft Tarthang Tulku Rinpoches – seine warmherzige Menschlichkeit. Vielleicht ist es dieser Zug seiner Persönlichkeit, der besonders betont werden muß, denn allzuoft vergessen wir unsere eigene und die Menschlichkeit anderer und verlieren uns in reinen Verallgemeinerungen und Fantasiebildern. – Gerade diese Menschlichkeit läßt diese Aufsätze noch bedeutender werden und reiht ihren Autor fest ein in die ununterbrochene und lebendige Tradition und Übertragung der Nyingma-Lehrer und des Nyingma-Gedankenguts.

HERBERT V. GUENTHER
Leiter der Abteilung für fernöstliche Studien
an der Universität Saskatchewan / Kanada

Einleitung

DIESES BUCH enthält einige einleitende Darstellungen grundlegender Meditations- und Achtsamkeitsübungen und setzt sie in Beziehung zum heutigen Leben in der westlichen Welt. Ich habe sie meinen Schülerinnen und Schülern während der vergangenen sieben Jahre in vielen Vorträgen dargelegt und wurde vor kurzem dazu aufgefordert, diese Gedanken einem breiteren Publikum zugänglich zu machen. Bestimmte Themenkreise überschneiden sich in gewissem Umfang in einzelnen Kapiteln, aber diese Wiederholungen sind beabsichtigt. Sie schaffen die Grundlage für ein zunehmend tieferes Verständnis.

Obwohl die Gedanken und Übungen, die im folgenden dargestellt werden, sich besonders an den Erfahrungen westlicher Menschen orientieren, sind sie fest in der buddhistischen Tradition verankert. Sie spiegeln die verschiedenen Stufen und Wege wieder, die in der Nyingma-Überlieferung erhalten sind.

Die erste und wichtigste Grundeinstellung im Buddhismus betont, daß wir uns dem Leben direkt stellen sollten, indem wir unsere Erfahrung ehrlich aufarbeiten, ohne durch kleinliche Einstellungen oder sentimentale Wunschträume beschränkt zu sein. Wir alle müssen für uns selbst die wesentlichen Probleme und Werte des menschlichen Lebens erkennen, damit wir die richtige Richtung einschlagen können. Eine Person auf der Stufe des Hinayana erkennt, daß Vergänglichkeit und Frustration zentrale Merkmale des Lebens sind, die ehrlich erkannt und angegangen werden müssen. Das Verständnis besteht darin, daß jeder Mensch für sich selbst die Verantwortung übernehmen muß, die Frustrationen des Lebens zu überwinden und jene Qualitäten zu entwickeln, die für ein erfülltes menschliches

Dasein am wichtigsten sind. Anstatt von einem anderen passiv Erlösung zu erflehen, ist das eigene Bemühen gefordert.

Eine solch reife und realistische Haltung wird durch die Ausrichtung des Mahayana auf das Mitgefühl für andere und eine grundlegende Einsicht in das Wesen der Erscheinungsformen ergänzt. Das Verständnis des Mahayana macht deutlich, daß alle Erfahrungen, wie begrenzend und frustrierend sie auch sein mögen, eine im Grunde offene Dimension haben. Deshalb brauchen wir nicht zu versuchen, ihnen zu entfliehen. Aus dieser Einsicht entsteht spontan Mitgefühl für andere, denn unsere eigene Lage erscheint uns nicht mehr als so begrenzt, unsicher oder frustrierend. Wir nehmen an den Schwierigkeiten anderer mehr teil und können uns erlauben, ihnen Hilfe zu leisten. Da diese Art des Mitgefühls mehr auf einem Verstehen als auf sentimentalen Projektionen beruht, ist es zumeist angemessen und hilfreich.

Der Buddhismus hat im Laufe seiner Geschichte verschiedene Schulen und Lehren entwickelt, um den Bedürfnissen und Fähigkeiten verschiedener Menschentypen gerecht zu werden. Diese Schulen haben eine Vielzahl meditativer Techniken ausgebildet und zur Vollkommenheit entwickelt, die dabei helfen sollen, Lebensprobleme zu klären und mit ihnen umzugehen. Sie bieten auch die Möglichkeit, mit tiefgründigen, wertvollen Aspekten unseres Körpers und unseres Geistes in Berührung zu kommen. Buddhistische Meditationsübungen beziehen sich immer auf praktische Beurteilungen und auf die wesentlichen Energien und Qualitäten menschlicher Erfahrung. Ein stabiles Fundament und ein ausgewogenes Vorgehen sind Voraussetzungen für die Entwicklung, die von vorbereitenden Übungen zu tieferen Meditationserfahrungen führt.

Denjenigen, die die Orientierung der Hinayana- und Mahayanalehren gründlich verinnerlicht haben, bietet der Buddhismus den Vajrayana als den weiterführenden und vollendenden ›Weg‹. Vajrayana ist keine begrenzte Lehrmeinung oder Herangehensweise, sondern vielmehr ein Weg unbegrenzten Wachstums. Vajrayana überschreitet vollständig alle dualistischen Meditationsformen und alle Konzepte. Im Vajrayana wird das Leben nicht als ein Problem betrachtet, das es zu lösen gilt, sondern als eine Erfahrung, die unendlichen Reichtum und schöpferische Kraft in sich birgt. Nichts wird abgewiesen oder unterdrückt, denn auf dem Vajrayanaweg entwickelt der Praktizierende ausreichende Fertigkeiten und Sensibilität, um zu den heilsamen Aspekten aller Existenz in Beziehung zu treten.

Diese tiefgründigen und einfühlsamen buddhistischen Lehren wurden im achten Jahrhundert durch Shantarakshita und Padmasambhava, die bedeutendsten Vajrayana-Meister ihrer Zeit, von Indien nach Tibet übermittelt. Beide Lehrer stehen mit der Nyingma-Tradition oder ›Alten Schule‹, der historisch frühesten der vier Hauptübertragungslinien des tibetischen Buddhismus, in enger Verbindung.

Hinayana-, Mahayana- und Vajrayanalehren sind allesamt in den Nyingmalehren enthalten und werden in Formen gelehrt, die sowohl anpassungsfähig sind als auch den tiefsten Absichten und Erfahrungen von jedem dieser Wege entsprechen. Nyingma-Übersetzungen und -Kommentare wurden auf der Grundlage indischer Texte erstellt. Mit großer Sorgfalt wurde die lebendige Bedeutung jedes einzelnen Begriffs und jeder einzelnen Idee berücksichtigt. Damit eignen sie sich zur Übertragung in eine moderne Sprache – wie z.B. Englisch oder Deutsch –, denn der Bezug zum heutigen Leben und zu modernen Auffassungen ist gut herzustellen.

In Tibet hatten es die Anhänger der Nyingma-Schule mit verschiedenen Menschentypen zu tun, und sie richteten ihre Aufmerksamkeit nicht ausschließlich auf die Entwicklung des Klosterwesens – Nyingma-Lehrer haben immer Menschen mit unterschiedlichsten Kenntnissen und Lebensgewohnheiten mit einbezogen. Wenn ich nun im Westen diese Lehren darlege, so habe ich dabei versucht, diese Anwendbarkeit und Offenheit zu bewahren. Ich hoffe deshalb, daß das vorliegende Buch für Menschen verschiedener Herkunft und Lebensvorstellungen

Wertvolles bieten kann. Mein Hauptanliegen ist, daß diese Darlegungen Menschen helfen, einen ihnen angemessenen Weg der Entwicklung zu finden, so daß sie sich inmitten einer von Sorgen geplagten Welt um sich selbst kümmern können. Meine Vorträge sind weder besonders intellektuell noch stilistisch bestechend, aber wie einer meiner Lehrer einmal sagte: ›Was soll hochtrabende Rede, wenn einfache Worte die Gedanken vermitteln können?‹

Ich bin allen meinen Freunden in Amerika, die mir bei meiner Arbeit behilflich waren, äußerst dankbar. Besonders möchte ich jedoch meinen Schülerinnen und Schülern für ihren Einsatz danken. Im Einzelnen möchte ich Judy Robertson und Debby Black für ihre Hilfe bei der Herausgabe, Rosalyn White für ihre Illustrationen und allen Mitarbeitern von Dharma Press für die Herstellung dieses Buches danken.

Ich widme jeglichen Verdienst, der aus dieser Arbeit entspringt, dem amerikanischen Volk, und ich bin zutiefst dankbar für die Gelegenheit, gemeinsam mit ihm die Nyingma-Überlieferung zu bewahren und an ihr teilzuhaben.

TARTHANG TULKU

ERSTER TEIL

SICH ÖFFNEN

Vergänglichkeit und Frustration

Menschen sind bereit, in den Krieg zu ziehen
und sogar ihr Leben einer Idee zu opfern,
aber sie sind unfähig,
sich von den Ursachen ihres Leidens zu trennen.

VERGÄNGLICHKEIT ist eine grundlegende Eigenschaft menschlichen Seins. Sie beeinflußt weit mehr als nur unser Leben, sie herrscht über den gesamten Kosmos – über alle Sterne und Planeten und damit auch über die Gegebenheiten auf unserer Erde. Wir können die Auswirkungen der Vergänglichkeit im Aufstieg und Fall von Nationen, im Auf und Ab unserer Gesellschaft, ja sogar anhand der Aktienkurse auf dem Wertpapiermarkt beobachten. Vergänglichkeit durchzieht alle Existenz. Wir können die Wechselfälle in unserem eigenen und im Leben unserer Freunde und Familien beobachten, aber die verheerendste Veränderung eines menschlichen Lebens – der Tod – trifft uns immer unerwartet.

In der Gesellschaft westlicher Industrienationen haben fast alle Angst vor dem Tod. Um jedoch das Leben vollkommen würdigen zu können, müssen wir der Wirklichkeit ins Auge sehen. Vergänglichkeit und Tod gehören zum Lebendigsein dazu. Diese Erkenntnis kann in uns schwingen und uns aufwecken – wir erkennen, daß unser Leben, so lieb es uns auch sein mag, nicht ewig währt. Als Mensch geboren zu sein ist ein seltenes Vorrecht, und es ist wichtig, daß wir unser Leben schätzen und diese Gelegenheit sinnvoll nutzen.

Verstehen wir die Bedeutung von Vergänglichkeit, verlieren viele Seiten des Lebens, die sonst immer so anziehend waren, ihren Reiz. Wir sind fähig, durch sie *hindurchzusehen*, und entdecken, daß sie letztlich nicht so befriedigend sind. Wir können uns dann leichter von unseren Neigungen und Befürchtungen und von dem Schutzwall trennen, den wir um uns aufgebaut haben. Das Überdenken der Vergänglichkeit des Lebens weckt uns auf. Wir sehen, daß wir in diesem Augenblick tatsächlich lebendig sind.

Es wird immer noch Kämpfe geben, denn wir stellen fest, daß wir weiterhin Dinge wollen, von denen wir wissen, daß sie Schmerzen und Frustration mit sich bringen. Die Macht unserer Gewohnheiten ist sehr schwer zu brechen, und selbst wenn wir es versuchen, scheint die Kette der Schwierigkeiten nicht abzureißen – unsere Wünsche und Verhaftungen treiben uns immer wieder dazu, dieselben zerstörerischen Verhaltensmuster zu wiederholen. Unsere emotionalen Bedürfnisse gewöhnen uns nicht nur an bestimmte materielle Dinge, sondern auch in sehr subtiler Weise an unsere Tendenz, uns als Selbst zu identifizieren. Wir möchten unser Gefühl der Kontrolle über uns selbst, über unsere Umwelt oder sogar über andere Menschen nicht verlieren. Solange wir jedoch unsere Bindung an eine Persönlichkeit und an das Selbstbild nicht loslassen können, ist es schwierig, unsere Lebensmuster überhaupt zu erkennen – geschweige denn, sie zu verändern.

Da wir gewisse Haltungen und Vorlieben nicht aufgeben wollen, werden wir immer wieder in unübersichtliche Situationen hineingezogen und erfahren innere Konflikte. Manchmal können wir ohne großen Kraftaufwand bedeutsame Dinge aufgeben: unser Geld, unsere Heimat, unser Eigentum. Die Verhaftungen an unsere Emotionen – an Lob und Tadel, Gewinn und Verlust, Vergnügen und Leid oder freundliche und grobe Worte – sind jedoch sehr subtil. Sie gehen über das Körperliche hinaus; sie sind Teil der Persönlichkeit oder des Selbstbildes, und wir sind nicht bereit, sie aufzugeben. Wir haben auch gewisse versteckte Einstellungen und Vorurteile, die wir uns nicht einmal eingestehen wollen. Unsere Verhaftungen halten uns mit magnetischer Kraft an einer Position fest, so als steckten wir im Gefängnis. Es ist schwer zu sagen, ob diese uns kontrollierende Kraft das Ergebnis vergangener Handlungen ist oder aus der Angst vor dem Tod oder aus einer unbekannten Quelle herrührt; jedenfalls sind wir gefangen. – Deshalb werden wir mit allen möglichen Enttäuschungen und Konflikten konfrontiert, woraus immer weitere Enttäuschungen und weiteres Leid erwächst.

Menschen sind bereit, in den Krieg zu ziehen und sogar ihr Leben einer Idee zu opfern, aber sie sind unfähig, sich von den Ursachen ihres Leidens zu trennen. Es ist schon rätselhaft, wie bestimmte psychologische Fixierungen uns dermaßen beherrschen können, daß wir außerstande sind, sie zu überwinden – selbst dann nicht, wenn wir verstandesmäßig den damit verbundenen Schmerz erkennen. Wir fragen uns: ›Warum ist das so? – Warum muß ich an diesen Mustern und Gewohnheiten, an diesen Einstellungen, an diesem bestimmten Selbstbild so festhalten?‹

Wir können unsere Lebensgewohnheiten sorgsam beobachten bis wir schließlich zugeben müssen, wie sehr sogar das geringste Festhalten und die unscheinbarste negative Einstellung Schmerz verursachen. Mit dem Wachsen unseres Verständnisses und unserer Bewußtheit wird uns deutlich, wie wichtig es ist, mit unseren Emotionen, Abhängigkeiten und negativen Seiten zu arbeiten. Wir werden auch einsehen, daß die Lösung dieser Probleme aus uns selbst erwächst. Dann, wenn wir uns unserer schmerzlichen Lage wirklich bewußt werden, können wir beginnen, unsere innersten Einstellungen zu ändern und einen wirklichen Fortschritt erzielen. Da unsere gesamte Umgebung und unsere täglichen Erfahrungen so künstlich sind, ist es oft sehr schwer, auch nur zu erkennen, was gesund und heilsam ist. Haben wir uns jedoch endgültig dazu entschlossen, gesund und ausgeglichen zu handeln, wird unser Leben von selbst in neue Bahnen gelenkt. Dazu brauchen wir nicht einmal unsere Heimat oder unsere Familien zu verlassen, denn diese Veränderung erfolgt in uns.

Gewöhnlich wird uns gesagt, dem ›geistigen Weg‹ zu folgen hieße, die Welt abzulehnen. Aber auch ein sogenannter spiritueller Mensch kann angenehm leben, sich an seiner Arbeit erfreuen, für seine Familie sorgen und in der Gesellschaft und der Welt erfolgreich sein. Es wird uns auch beigebracht, wir sollten nicht selbstsüchtig sein. Aber wir dürfen wirklich ›selbstbezogen‹ sein, indem wir auf uns achten – nicht auf eine egoistische, habgierige oder melancholische Weise, sondern auf eine wirklich fürsorgliche Art – und Körper und Geist soweit wie möglich harmonisieren. Indem wir sorgfältig unsere Sinneswahrnehmungen und Emotionen beobachten, lernen wir, uns selbst anzunehmen, zu schätzen und anderen gegenüber offen zu sein. Lassen wir Körper und Geist harmonisch zusammenwirken und bringen sie in ein Gleichgewicht, dann können wir den inneren Frieden und die Freude erlangen, die die Liebe selbst sind.

Im allgemeinen folgen wir jedoch weiter unheilsamen Verhaltensmustern, und da wir nicht jeden Augenblick freudig annehmen, finden wir selten Befriedigung. Wir fühlen uns in der Gegenwart oft unbehaglich, sind besorgt, da alles, was uns widerfährt, irgendwie unerwartet kommt. Es fällt uns schwer, einer Situation offen oder direkt zu begegnen. Das Problem ist, daß wir uns vorwiegend mit der Vergangenheit oder Zukunft beschäftigen und uns so nie ganz der Gegenwart stellen. So kann sie uns nie völlig zufriedenstellen. Wir erwarten immer, daß in der Zukunft etwas geschehen wird, das großartiger, erhabener, tiefgründiger oder erfüllender ist. So können wir nie besonders glücklich oder zufrieden sein, denn unser ganzes Leben besteht aus endlosen Vorbereitungen: auf das Familienleben, Liebesabenteuer oder die unterschiedlichsten Zerstreuungen.

Normalerweise teilen wir unsere Zeit in Arbeit und Vergnügen auf. Genaugenommen arbeiten wir zumindest teilweise, damit wir uns irgendein Vergnügen leisten können. Wir freuen uns immer auf Unterhaltungen, Wochenenden oder Ferien. Aber macht uns dieser Zeitvertreib wirklich Spaß? Ist das alles der Mühe wert? Können wir nicht lernen, nach Innen zu schauen und uns selbst zu schätzen, anstatt weiterhin in der Außenwelt nach Erfüllung zu suchen? Wenn wir in uns Inspiration, Offenheit und Ausgeglichenheit finden, wird unser Leben wahrhaft glücklich und wertvoll – wir können dann sogar Freude an unserer Arbeit finden. Anstatt unsere Kraft und die Möglichkeiten unseres Menschseins in fruchtlose Gedanken und Handlungen zu verschwenden, beginnen wir, schöpferisch zu handeln. Denn die Grundlage für den spirituellen Weg ist die Entwicklung von allem in uns, was wirklich ausgewogen, natürlich und sinnvoll ist.

Wir können damit beginnen, indem wir jeden Augenblick des Lebens freudig annehmen, aber die meisten von uns wissen nicht, wie sie das tun sollen. Uns des Lebens zu erfreuen, ist uns vielleicht äußerst wichtig, doch allzu oft projizieren wir die Befriedigung in die Zukunft. So verbauen wir uns unser Leben mit leeren Träumen, die nie Gestalt annehmen. Es ist schwer, in der Gegenwart wirklich etwas zu erreichen, wenn wir unser Denken immer auf ein entferntes Ziel richten.

Das heißt nicht, wir sollten vermeiden, vernünftige Pläne für unsere Zukunft zu machen. Es besagt nur, daß wir mehr in der Gegenwart leben müssen. Bemühen wir uns im Hier und Jetzt um unsere Entwicklung, wachsen wir unseren Zielen bis zu ihrer Verwirklichung entgegen. Die Gegenwart führt uns von selbst in die Zukunft, und die Zukunft verändert sich abhängig von unserem gegenwärtigen Leben. Wenn wir in alles, was wir tun, Vertrauen setzen und unsere Handlungen sinnvoll sind, wird nicht nur unser Alltagsleben ausgeglichen und harmonisch sein, sondern auch alle folgenden Leben.

Öffnen wir uns der gegenwärtigen Erfahrung, können wir feststellen, daß wir uns gerade jetzt am Leben erfreuen können – *gerade jetzt* haben wir die Gelegenheit dazu! Wir brauchen uns nicht zu sehr um die Zukunft zu sorgen – die Gegenwart wird uns dorthin führen, ganz gleich, was wir tun. Aber da unser Bewußtsein für die Gegenwart getrübt oder unklar ist, scheint sich zumeist etwas Schattenhaftes unterhalb der Schwelle des Bewußtseins abzuspielen; da treibt es uns hin, dem folgen wir. Darüber geht Zeit und Energie verloren, und wir sind uns möglicherweise über das, was sich gestern, heute morgen und selbst heute nachmittag ereignet hat, nicht bewußt. Wir sind uns vielem nicht bewußt, was in unserem Leben geschieht, und wenn wir einmal darüber nachdenken, würden wir feststellen, daß wir im Grunde nicht wissen, wie wir zu denen wurden, die wir heute sind. Als Kinder sahen und redeten wir auf eine bestimmte Art und Weise. Wie haben wir uns verändert? Es ist schwierig, diesem Übergang nachzuspüren. Einige Erfahrungen, die wir durchlebt haben, können wir gerade noch nachvollziehen; aber es ist erstaunlich, an wievieles wir uns nicht mehr erinnern – oder uns ungenau erinnern. Es ist so, als wollten wir uns den Traum der letzten Nacht ins Gedächtnis rufen. Und so leben wir nun unser Leben!

In bestimmten Lebensbereichen, in denen wir durch unsere Selbstsucht stark motiviert sind, wie vielleicht bei Geschäften und im Beruf, können wir äußerst schlau, gerissen und klar sein. Aber in anderen Lebensbereichen verfolgen wir keine Ziele, haben keine Richtung und keine Aufgabe. Dort ist unsere Bewußtheit sehr verschwommen und unscharf. Wenn wir auf das Kind zurückblicken, das wir einmal waren: Ist es das, was wir ihm gewünscht hätten? Wir sind uns kaum dessen bewußt, was um uns und in uns geschieht, und manchmal sind wir nicht selbständiger als im Alter von zwei Jahren. Häufig folgen wir Verhaltensmustern nur, weil sie von uns erwartet werden; bei unserer Arbeit und in unseren Beziehungen ahmen wir andere nach, denn es ist sehr schwer, eigene Entscheidungen zu treffen, besonders dann, wenn wir keinen Gesamtüberblick über unser Leben haben. Nicht davon überzeugt, daß *dies* Wirklichkeit ist, sind wir noch nicht zur Gegenwart erwacht und können so nicht entscheiden, was wichtig ist oder *warum* es wichtig ist. Es kann sogar sein, daß wir mit der Zeit teilnahmslos werden und alles sich selbst überlassen – aber wir lassen nicht richtig los; wir geben nur verzweifelt auf. Es gibt zwei Arten des ›Aufgebens‹ oder ›Loslassens‹. Es gibt ein Aufgeben von Verhaftungen, und es gibt ein Aufgeben aufgrund von Schwierigkeiten und Enttäuschungen. Menschen mit innerer Stärke und Offenheit geben nicht auf, sondern sie lassen ihr Greifen und ihre Verhaftungen los und gewinnen dadurch Freiheit und Vertrauen. Da sie sich nicht an bestimmten Mustern festhalten, sondern einfach der Wahrheit ihres Herzens folgen, kann kein Hindernis und keine Enttäuschung sie überwältigen. Menschen, die aufgeben, weil sie ihr Leben nicht überschauen und für sich aufbauen können, geben nicht ganz auf. Sie machen mit einer gewissen Entschlossenheit weiter, haben jedoch nicht die Stärke oder den Mut, ihren Neigungen zu folgen – sie unterliegen einfach dem Zwang der Gegebenheiten. Da sie ihr Greifen und ihre negativen Emotionen einfach nicht ablegen können, wissen sie nicht, was richtig und was falsch ist. So leiden sie an ihrer Unentschlossenheit und obwohl sie nicht unbedingt körperliche Schmerzen haben, leiden sie doch psychisch – an der Qual, das Ersehnte nicht greifen zu können. Ihre Sucht nach Sinneswahrnehmungen hat sie fest im Griff, und sie sind in sich selbst gespalten.

Leiden wird nicht nur durch körperlichen Schmerz verursacht – es kann auftreten, wenn gewisse innere Einstellungen unausgeglichen oder unharmonisch sind. Wenn wir großen Konflikten oder Druck ausgesetzt sind, fällt uns die kleinste Entscheidung sehr schwer. Unsere Bewußtheit kann sich dermaßen verengen, daß sich sogar ›Lücken‹ in unserer Erinnerung bilden. Selbst, wenn es uns gelingt, eine Entscheidung zu treffen, können wir darunter leiden, daß wir nicht alles erreichen, was wir uns erhofft haben. Sind wir bei einer Sache erfolgreich, werden wir vielleicht stolz darauf und halten daran fest; dann leiden wir unter der Angst, es zu verlieren. Möglicherweise verkrampfen wir uns stark bei unserem Versuch, ein bestimmtes Ziel zu erreichen oder eine Hoffnung oder Erwartungshaltung Wirklichkeit werden zu lassen. Wir sind enttäuscht, weil wir nie genug von dem bekommen, was wir uns wünschen: sei es Anerkennung oder Liebe, Kenntnisse oder Erfolg. Ganz gleich, wohin wir uns wenden, es gibt Konflikte und Unentschlossenheit. Wir sind darin gefangen und wissen nicht, welche Richtung wir einschlagen sollen.

Solche Unsicherheiten schaffen dauernde Unruhe in uns, und unsere geistige Verfassung gleicht einer inneren Uhr, auf der die Zeiger unaufhörlich im Kreis rasen, ohne einmal stehenzubleiben, um die Zeit anzuzeigen. Schließlich werden wir unfähig, einen Entschluß zu fassen, werden innerlich völlig leer, ohne bestimmte Gedanken und ohne Richtung. Wir werden einfach nur teilnahmslos und unachtsam in unserem Kreislauf der Verzweiflung. So können wir endlos weitermachen.

Da unsere Fähigkeit zur Selbstbeobachtung gewöhnlich nicht gut entwickelt ist, stehen wir unserem Leiden oft blind gegenüber. Um die Feinheiten unserer gegenwärtigen Erfahrung zu entdecken, müssen wir in der Lage sein, nach Innen zu schauen. Das fällt uns schwer. Deswegen ist es vielleicht leichter, aus vergangenem anstatt aus gegenwärtigem Leiden zu lernen. Wenn wir in vergangene Empfindungen und Gefühle nochmals eintauchen, können wir sie gelöster und mit größerer Klarheit betrachten.

Die meisten von uns erfahren sehr viel Leid in ihrem Leben, da Streß, Mattheit und Ruhelosigkeit zyklisch wiederkehren. Wir versuchen, diesem Leiden zu entfliehen, aber es kehrt immer wieder zurück. Doch wenn wir einmal die Stärke und den Mut aufbringen, tief in uns selbst zu schauen, in unseren Schmerz, dann sehen wir einen seltsamen Widersinn. Selbst wenn wir das Leiden aufgeben wollen, sind wir scheinbar nicht dazu bereit – wir klammern uns daran fest.

Doch mit der Zeit, wenn wir mit unserem Leiden vertrauter werden, kann es sein, daß wir uns fest entschließen, nicht länger zu leiden. Haben wir diesen Punkt erreicht, geben wir das

Leiden auf und erwachen. – Es findet eine innere Verwandlung
statt, und wir begreifen die Dummheit der grenzenlosen Selbst-
quälerei, die wir uns immer wieder selbst schufen. Diese innere Verwandlung ist der wahre Lernprozeß.

Meist fällt es uns schwer, das anzunehmen, was sich als
unendliches Leiden in der Welt zu manifestieren scheint, und
doch ist Leiden gewissermaßen einer unserer besten Lehrer.
Dadurch, daß wir die Muster unserer Schmerzen und unseres
Leidens feinfühlig beobachten, können wir lernen, unseren
Körper, unsere Emotionen und unseren Geist zu verstehen.
Ideen haben oft wenig Bezug zu unserem Leben, aber Schmerzen zu haben und sie zu fühlen – das ist eine Quelle unmittelbaren Lernens.

Enttäuschung und Leid vermitteln ein tiefes Verständnis
von uns selbst und schenken uns die Einsicht, daß es keinen Weg
gibt, auf dem wir dem Leiden entkommen können – es sei denn,
wir gehen hindurch und wachsen darüber hinaus. Wenn wir
uns wohl fühlen, sind wir selten daran interessiert weiter-
zuschauen – aber je frustrierter, leidender oder verwirrter wir
uns fühlen, desto dringlicher suchen wir nach einem Ausweg.
Das Leiden selbst gibt uns letztlich keine Antwort, aber es treibt

uns vielleicht innerlich an, aufzuwachen – mit Meditation zu beginnen und Bewußtheit zu entwickeln. Leiden kann dann als positive Erfahrung angesehen werden, weil uns damit die Möglichkeit gegeben wird, unsere Emotionen zu wandeln und uns der Befreiung zu nähern. Haben wir dies erkannt, können wir aufwachen und Zugang zu jener inneren Stärke und Energie finden, die uns für den Rest unseres Lebens durch jeden Tag tragen wird.

In einem tibetischen Sprichwort wird gesagt, daß ein Mensch, der Vergänglichkeit und die Unvermeidbarkeit des Todes nicht beachtet, einer Königin gleiche. In den Hofstaaten alter Zeiten hatte die Königin Haltung und Selbstvertrauen an den Tag zu legen, und sie hatte sehr darauf zu achten, ihren guten Ruf und den Eindruck, den sie hinterließ, zu schützen. Aber in ihrem Herzen rangen allerlei Wünsche und Befürchtungen miteinander – ob sich der König wohlfühle oder nicht, wie es um ihre Macht bestellt sei, ob sie ihre Position einbüßen würde …? So war ihre Haltung im Grunde genommen eine Maske, um sich zu schützen.

Ähnlich widmen wir vielleicht äußerlich unser Leben einem spirituellen Weg, aber unterschwellig haben wir noch viele Wünsche – nach Macht, Stellung oder Ruhm. Wir denken nicht an die Unbeständigkeit unseres Lebens und die Gewißheit unseres Todes, deshalb können wir uns nicht vor unseren Wünschen schützen. Sobald wir uns über die Vergänglichkeit unseres Lebens im klaren sind, fällt es uns leichter, uns auf die jeweilige Situation einzulassen, ohne von ihr gefangengenommen oder nach unten gezogen zu werden.

Wenn wir den Tod betrachten, können wir darin einen natürlichen Übergang erkennen, eine natürliche Fortsetzung und kein absolutes Ende. Zeitlich gesehen ist der Augenblick des Todes Gegenwart und unsere Lebenserfahrung Vergangenheit. Tod oder die gegenwärtige Erfahrung ist eine Einladung an die Zukunft, kein Ende in irgendeinem Sinne. Den in der

Meditation Erfahrenen erscheint der Tod als eine Gelegenheit, eine sehr schöne Erfahrung zu vollenden – oder sogar Befreiung von allem Leiden zu erlangen.

Die meisten von uns halten den Tod jedoch mehr für einen Verlust als für eine Möglichkeit. Wir ängstigen uns vor dem Verlust unseres Ichs. Dieselbe Angst spüren wir, wenn wir unsere Bindungen und Verhaltensmuster aufgeben. Wir sind vielleicht erschrocken oder verwirrt, weil wir nicht so recht wissen, wer wir ohne sie sind. Vielleicht sind dann alle Erlebnisse wirklich frisch und neu, nur sind wir vermutlich nicht bereit, ohne unseren gewohnten Selbstschutz zu leben.

Vergegenwärtigen wir uns die Gewißheit unseres Todes, kann uns dies sozusagen unter ›Strom‹ setzen – irgend etwas in uns hat ›gefunkt‹ und inspiriert uns dazu, unser Leben schöpferisch zu gestalten. Jeder Augenblick wird nun sehr wichtig. Wir erkennen, daß wir, unabhängig, wie lange wir noch leben, ein Drittel davon verschlafen werden; dann müssen wir dreimal täglich essen; uns Zeit für Gespräche nehmen; arbeiten; uns mit emotionalen Problemen herumschlagen und allen sonstigen Beschäftigungen nachgehen, die so ein Menschenleben ausmachen.

Wenn wir sorgfältig aufzeichnen, wie wir unsere Zeit verbringen, so wird ersichtlich, wie wenig uns davon bleibt, heilsame Energien zu unserem eigenen und zum Nutzen anderer zu entwickeln. Deshalb ist es wichtig, unser Leben zu ordnen und uns Richtlinien zu setzen. Selbstdisziplin ist eine unerläßliche Voraussetzung, wenn wir lernen wollen, ein schöpferisches Leben zu führen, frei vom Strudel unserer Emotionen, Negativitäten und Schmerzen.

Es ist auch hilfreich, unsere Konzentrationsfähigkeit und Bewußtheit von Zeit zu Zeit zu testen. Immer, wenn wir in körperlichen und geistigen Konflikten verfangen sind, können wir unsere Bewußtheit auf sie richten. Wir können einen Konflikt sogar noch steigern und schließlich mitten in ihn hineingehen. Unser Verhalten in solchen Situationen ist ein guter Maßstab für die Stärke unserer Bewußtheit. Vielleicht können wir in fast allen Lagen ruhig bleiben, aber aufwühlende Situationen bewußt zu erfahren und über sie hinauszugehen kann sehr schwierig sein. Ohne diese Fähigkeit werden wir jedoch weiter Leiden und Enttäuschungen erfahren müssen – nicht nur in diesem Leben, sondern auch in der Zeit nach dem Tod. Welch schwierigen Situationen wir auch während unseres Lebens ausgesetzt sein mögen, die Zeit nach dem Tod wird eine wesentlich größere Bewährungsprobe für unsere Stärke und Bewußtheit sein.

Selbst wenn wir uns genau beobachten, können wir nie sicher sein, wann wir sterben werden. Legen wir uns abends schlafen, ist es nicht sicher, daß wir wieder aufwachen. Wenn wir ausatmen, kann es irgendwann einmal geschehen, daß der Atem nicht wiederkehrt. Auch unsere Ausflüge ins Vergnügen – Alkohol, Zigaretten, Drogen, Autofahren – können unseren Tod verursachen. Und selbst die gesündeste Nahrung wird uns nicht ewig am Leben halten. Es ist wirklich sehr schwer vorauszusagen, wie lange wir noch zu leben haben.

Deshalb ist es wichtig, jetzt damit zu beginnen, unser Leben in ein Gleichgewicht zu bringen und mit positiven Beweggründen zu versehen, denn je älter wir werden, desto fehlerhafter wird unsere Sinneswahrnehmung – unsere Augen verlieren an Schärfe, der Geschmackssinn läßt nach. Freunde wird es vielleicht nicht mehr geben, und wegen unseres Alters wird uns die Umwelt kaum beachten. So werden wir uns nicht länger als Mitglied einer Gemeinschaft fühlen. Selten nur sehen wir einen jungen und einen alten Menschen längere Zeit beisammen – ihre Interessen und Energien sind normalerweise zu verschieden. Da es kaum Verständigung gibt, werden die Älteren oft isoliert und vereinsamen. Aber jeder von uns wird alt werden – wir können dem nicht entgehen. Die Zeit vergeht schnell, und wir könnten es sehr bedauern, die jetzt vorhandenen Gelegenheiten verpaßt zu haben, unserem Leben Sinn zu geben. Oft genug hören wir alte Menschen sagen: ›Oh, wenn ich das bloß zwanzig Jahre früher gewußt hätte!‹ Oder: ›All diese Jahre habe ich verschwendet, und nun ist es zu spät!‹ Natürlich ist es nie zu spät. Trotzdem, wir wissen nicht, wieviel Zeit wir haben. Warum fangen wir also nicht jetzt an?

Diese Gedanken erscheinen vielleicht sehr einfach, aber sie sind Teil einer langen, geschichtlich gewachsenen Überlieferung, die das Leben vieler Generationen von Menschen mit Sinn erfüllt hat. Von Zeit zu Zeit sollten wir uns voller Dankbarkeit daran erinnern, daß wir leben und daß uns die Möglichkeit zu innerem Wachstum offensteht. Was Frustration und Vergänglichkeit anbelangt, so können wir froh darüber sein, daß sie uns wachrütteln. Es gibt Schwierigkeiten, denen wir uns im Leben stellen müssen, aber wenn wir stark und voller Vertrauen sind, werden wir uns unseres Potentials bewußt – Schritt für Schritt können wir zu der uns innewohnenden Bewußtheit in Beziehung treten und daraus Mut und Zuversicht für unsere Verwirklichung schöpfen.

Je mehr wir darüber nachdenken, wie alles von Vergänglichkeit durchdrungen ist und wie alle Dinge, an die wir uns klammern wollen, letzten Endes substanzlos sind, desto besser werden wir unsere Sehnsucht nach Faszination und unsere Neigung zu Greifen durchschauen. Folglich werden wir nicht mehr so leicht abgelenkt und verfangen uns nicht mehr so schnell im Netz ständig wechselnder Vorgänge. Vielleicht ergibt sich sogar eine völlige Neuordnung der Prioritäten in unserem Leben. Je mehr Verständnis und Mitgefühl wir entwickeln, desto heiterer wird unser Leben. Wir werden von positiver Energie erfüllt, was auch anderen helfen und sie inspirieren kann.

Enttäuschungen sind Fingerzeige des Lebens,
durch die unser Wissen wächst.
Und Vergänglichkeit ist der Kreislauf unseres Lebens;
als ein Spiel erlebt,
offenbart sich in ihm Sinn als Ausgeglichenheit.

Ehrliches Beginnen

Wir haben Angst zu lernen,
weil wir Angst haben zu wachsen
und die größere Verantwortung zu übernehmen,
die zum Wachsen gehört.

EINES ist sicher: wir wissen nicht alles. Wir haben keine zuverlässige Kenntnis von der Vergangenheit, aus der wir kommen, und keine von der Zukunft, in die wir gehen. Vielleicht kennen wir nicht einmal unsere momentane körperliche, geistige und gefühlsmäßige Verfassung. Da unser Verständnis so eng begrenzt ist, müssen wir uns mit einer unterschwelligen Angst auseinandersetzen; wir haben den Verdacht, in unserer eigenen Unwissenheit gefangen zu sein. Wir mögen eine über den alltäglichen Rahmen hinausgehende Wirklichkeit erahnen, aber diese Wahrheit entzieht sich uns irgendwie.

Unsere Erfahrungen haben uns *gewisse* Kenntnisse vermittelt, trotzdem ziehen wir diese selten ehrlich in Betracht. Eine bestimmte Handlung mag offensichtlich noch so vorteilhaft sein, wir entscheiden uns dennoch oft für das Gegenteil, wenn es uns leichter erscheint oder dabei weniger von uns verlangt wird. Für unsere Wahl finden wir dann viele Entschuldigungen. Einwände, Meinungen und Urteile tauchen in uns auf und verhindern positives Handeln. Wenn wir versuchen, Heilsames zu tun, erhöhen wir unsere Unsicherheit dadurch, daß wir uns immer wieder einreden, wir seien im Begriff, genau das Falsche zu tun. Wir können so selbstkritisch sein, daß wir schließlich das Gegenteil von dem tun, was wir wollten, und damit verweigern wir uns ehrlicher Selbstbetrachtung.

Zwei Tatsachen sind also zu beachten: erstens wissen wir über bestimmte Dinge nicht Bescheid und zweitens wissen wir

Einiges, nur wollen wir es uns nicht eingestehen. Selbst wenn wir eine Situation klar durchschauen, versuchen wir häufig, sie zu unserem Vorteil zu interpretieren und betrügen uns dabei selbst. Unsere spirituelle Kraft ist vielleicht nicht stark genug, um der Wirklichkeit ins Auge zu sehen, und so vergessen wir, was wir wissen oder weigern uns, hinzuschauen. Wir werden faul oder wenden uns anderen Dingen zu. Wir tun dies wissentlich. So finden wir uns zwischen zwei zerstörerischen Verhaltensmustern gefangen: Unwissenheit und Vermeidung.

Die darunter liegende Ursache für diese Muster ist Angst; eine ständige Angst, nicht genug innere Stärke zu haben. Diese Angst zersplittert unsere Aufmerksamkeit und unsere Motivation und schadet damit der Fähigkeit, uns selbst klar zu sehen. Angst ist eine der mächtigsten Waffen zur Selbsterhaltung des Ego. Wenn Gefühle der Angst, Schwäche und Unzulänglichkeit auftauchen, wollen wir uns selbst und unserem Leben nicht mehr offen gegenübertreten.

Deshalb lernen wir, unsere wahren Gedanken und Gefühle zu verstecken, so daß die Art, wie wir reden, aussehen, denken, fühlen und handeln verfälscht ist. Wir verbergen unsere Gefühle, die wir uns selbst und anderen gegenüber haben, und wollen nicht wahrhaben, wie weit wir von echtem Verständnis entfernt sind. Würde es jemand wagen, uns zu sagen, unser Ego spiele mit uns und wir seien dabei, unser Leben zu vergeuden, würden wir zahllose Entschuldigungen zu unserer Verteidigung finden. Bei genauer Selbstbetrachtung müssen wir zugeben, daß wir uns oft vor uns selbst verstecken. Wir können uns dermaßen bedroht fühlen, daß es uns leichter fällt, die Notwendigkeit einer Änderung zu verneinen, als uns tatsächlich zu ändern, obwohl wir unterschwellig genau wissen, was wir zu tun haben, um unser Leben sinnvoll und lebenswert zu gestalten, und über welche Wege dies zu erreichen ist. Im Grunde sind wir einfach zu schwach, einen Anfang zu machen.

Seit der Kindheit haben wir von Freunden und unserer Familie gelernt, ›Spiele‹ zu spielen. Wir tun dies aus zwei Gründen. Der erste ist die Notwendigkeit, sozial und wirtschaftlich überleben zu können; der zweite unsere Ichbezogenheit – wir wollen akzeptiert werden. Wenn wir in den Spielregeln der Gesellschaft versiert sind, spielen wir gut und haben Erfolg; aber so gelangen wir vielleicht nie zu den tieferen Schichten unseres Herzens. Wir verstricken uns oft dermaßen in unsere Spiele, daß wir nicht mehr zwischen ihnen und uns unterscheiden können und auf diese Weise den Kontakt zu unserer inneren Natur verlieren. Wir werden vielleicht sogar durch unser ständiges Greifen und unser Kämpfen körperlich und geistig krank. Obwohl diese Spiele äußerst ermüdend sind, spielen wir weiter – mit Freunden, mit der Familie, mit der Gesellschaft. Vielleicht *wissen* wir sogar, daß wir Spiele spielen, aber die Umstände schaffen gespannte und erdrückende Situationen, die uns scheinbar daran hindern, in Übereinstimmung mit unserer inneren Führung zu handeln.

Es ist also hilfreich, unser Ego zu beobachten und wahrzunehmen, wie geschickt wir unsere Spiele spielen – und ob erfolgreich oder nicht. Im Berufsleben, wo jeder die Regeln kennt, sind solche Spiele annehmbar, ja sogar bewundernswert, wenn sie clever ausgeführt werden. Alle wissen, andere zu manipulieren, schlau und aalglatt zu sein, und wie sich unangenehme Dinge unter einer hübschen Verpackung verstecken lassen. Es gibt viele verschiedene Spiele solcher Art, und fast alles ist irgendwie in die eine oder andere Art Spiel verstrickt. Die Einstellung ist: ›Wie kann ich gewinnen?‹, ganz gleich, um was es sich handelt. Keiner scheint sich darum zu kümmern, ob irgend jemand oder irgend etwas dabei Schaden erleidet oder zugrunde geht. Nur das Gewinnen zählt.

Aber selbst, wenn wir erfolgreich sind, können die Zwänge unserer Verpflichtungen unsere körperlichen und geistigen Energien so sehr einschnüren, als hielten sie uns in völliger Abhängigkeit. Selbst unsere persönlichen Beziehungen können als einengend empfunden werden. Diese Zwänge, Enttäuschungen und Ängste begrenzen zunehmend unsere Fähigkeit, schöpferisch und wirkungsvoll zu arbeiten. Dennoch wissen wir nicht, wie wir uns befreien können. Überall sehen wir Leid, Einsamkeit und Verwirrung – bis wir uns danach sehnen zu entkommen. Um diese Situation zu vermeiden, machen wir Wochenendausflüge und zerstreuen uns allabendlich auf die eine oder andere Weise. Aber unsere geistige Qual und innere Ruhelosigkeit hören damit nicht auf. Obwohl wir nur ungern glauben, daß unsere eigenen Handlungen und Einstellungen unser Leiden verursacht haben, können wir diesem Konflikt am Ende nicht ausweichen. Erst wenn wir richtig verzweifelt sind, erkennen wir, daß wir uns ändern müssen.

Wir entschließen uns vielleicht, einem Weg der inneren Entwicklung zu folgen; aber wir schwanken. Wir haben das Gefühl, daß wir zuerst noch unsere Arbeit zuende bringen müssen – *dann* wollen wir Beruf und Stellung aufgeben, *dann* wollen wir gern unseren Übungsweg beginnen. Letztlich kommen wir einfach nie dazu. Wir haben wahrscheinlich viele schöne Träume, verwirklichen jedoch in unserem ganzen Leben nur sehr wenige davon, weder materiell noch geistig. Überall auf der Welt träumen Menschen davon, sich spirituell zu entwickeln, ohne viel dafür zu tun. Aber gerade hier im Westen ist besonders starke Willenskraft notwendig, um sich innerlich zu entwickeln. Wir sind in dem Wettbewerb um die gewaltigen Vorräte noch nicht erschlossener Energien gefangen, zu denen uns jetzt die moderne Technologie den Schlüssel liefert. Wir leben unter stärkster Belastung, da wir uns dauernd an die Regeln und Beschränkungen unserer ›zivilisierten‹ städtischen Gesellschaft anpassen müssen. Alles ist so durchstrukturiert, daß wir kaum überleben können, wenn wir uns nicht anpassen. Viele stören sich daran, aber nur wenige Menschen ringen sich dazu durch, ihr Leben zu ändern, und noch weniger Menschen haben die Willenskraft, es dann auch zu tun.

Selbst wenn wir einen spirituellen Weg beginnen, bedeutet

das noch nicht, daß wir auch dabei bleiben werden. Der Grund dafür ist nicht eine unerfüllbare Selbstdisziplin, die verlangt würde, sondern mangelnder Mut und fehlendes Vertrauen. Wir ignorieren unsere Fähigkeiten und unser Potential zur Entwicklung innerer Stärke; jener Stärke, die wir brauchen, um durch Erfahrungen zu gehen, die die Macht des Egos brechen. Daher entdecken nur sehr wenige die Wahrheit, obwohl es viele versuchen.

Daraus dürfen wir nicht schließen, Spiritualität habe nicht die Macht, uns zu helfen oder mit den Lehren wäre etwas verkehrt oder wir seien nicht in der Lage, sie zu verstehen. Die Schwierigkeit liegt darin, daß das Aufrechterhalten einer spirituellen Lebenseinstellung sich beträchtlich von der gewöhnlichen Denkweise unterscheidet und wir in den Widerstreit zwischen diesen beiden Positionen gezogen werden. Unsere Sinne ziehen uns in die Welt, aber unser Intellekt und unsere Intuition drängen uns dazu, einem spirituellen Weg zu folgen, weil dieser letztlich befriedigender und sinnvoller ist. So versuchen wir, gleichzeitig auf zwei Wegen zu gehen, die in gegenseitigem Konflikt stehen. Oder wir wählen eine Zeitlang den spirituellen Weg und verrennen uns dann aber in Schwierigkeiten. Unsere Träume oder Erwartungen werden nicht erfüllt oder wir glauben, genug gelernt zu haben, und wenden uns deshalb wieder unserem alten Lebensstil zu. Dort treffen wir vielleicht wieder auf viele Probleme und Gewohnheiten, über die wir uns schon längst hinausgewachsen glaubten. Der Unterschied zwischen unseren Erwartungen und tatsächlicher Erfahrung läßt uns möglicherweise annehmen, daß die Zeit unserer spirituellen Suche verschwendete Zeit war. Verfolgen wir jedoch nur weltliche Ziele, erfahren wir schließlich in spiritueller Hinsicht ein Gefühl der Leere, das wir nicht ewig verdrängen können.

Haben wir einmal damit begonnen, uns zu ändern, ist es schwer, zu unserer früheren Lebensweise zurückzukehren, selbst wenn wir es wollen. Etwas ist in uns erwacht, und die positive Kraft der Veränderung schafft eine Dynamik, die uns drängt, weiterzugehen. Dann entdecken wir, daß der spirituelle Weg *genau hier* ist, ganz gleich, was wir machen. Wir waren vielleicht nicht in der Lage, uns für den Weg frei zu entscheiden; so ist er eben zu uns gekommen.

Selbst wenn wir uns Mühe geben, zu glauben, der dauernde Kreislauf des Wünschens und Greifens sei nicht zerstörerisch, werden uns Enttäuschung und Frustration schließlich doch ernüchtern und uns dabei helfen, der Wirklichkeit unseres Lebens gegenüberzutreten. Ganz gleich, welchen Mühen und Hindernissen wir auf unserem spirituellen Weg begegnen, wir sollten ihretwegen nicht aufgeben, denn wenn wir dies tun, kommen dieselben Schwierigkeiten später wieder auf uns zu. Letztlich ist alles unsere eigene Entscheidung. Wenn wir jedoch unentschlossen hin- und herschwanken, verlieren wir wertvolle Zeit. Wir müssen uns jetzt dafür entscheiden, unserem Leben ehrlich gegenüberzutreten.

Wir versuchen ständig – direkt oder indirekt – unser Ego und unser Selbstbild zu schützen. Diese Gewohnheit ist sehr schwer aufzugeben. Wir wünschen uns vielleicht, es gäbe einen Weg zu innerem Wachstum, der das Ego nicht verletzt, der keine Analyse, Meditation und Ausdauer erfordert. Wir würden es alle liebend gerne vorziehen, nicht an uns arbeiten zu müssen. Aber unglücklicherweise ist es ohne die Beseitigung unserer Verdunkelungen und ohne klare Einsicht nicht einfach, fortzuschreiten. Selbst wenn wir uns für geistig klar halten, sind wir vielleicht verzweifelt, unklar und von Gefühlen der Verlorenheit erfüllt. Manchmal scheint es, als wollten wir einfach nicht sehen. Und wenn wir so sind, wie können wir aus diesem Traum erwachen?

Verwirklichte Lehrer betrachten alle fühlenden Wesen mit großem Mitgefühl, weil sie sehen, wie erschöpft die Wesen durch ihr ständiges Greifen sind. Die meisten von uns haben wenig Sinn oder Richtung in ihrem Leben. Alles, was wir anstreben, ist die Erfüllung unserer Wünsche, uns wohl zu fühlen, glücklich und entspannt zu sein oder uns zu begeistern und zu genießen. Wir haben vielleicht viele solcher Wünsche. Aber diese Freuden verzehren unsere Energie, wie offenes Licht eine Motte anzieht und verbrennt. Da wir uns nicht bewußt sind, daß Verlangen und Verhaftetsein keine dauerhafte Befriedigung schenken, vergrößern wir unser Leiden noch mehr und kämpfen dann noch darum, die Ursachen unseres Leidens zu verteidigen. Wir verhalten uns wie ein alter zahnloser Hund in einem tibetischen Dorf, der einen Knochen erhascht hat und nun solange auf ihm kaut, bis ihm der Gaumen blutet. Er schmeckt das Blut und denkt sich: ›Wie saftig und schmackhaft ist doch dieser Knochen!‹ Selbst wenn wir wissen, daß es sinnvollere Handlungen gibt als unsere Verhaftungen, spielen wir weiter mit uns und lassen uns von unserem Ego bestimmen. Jetzt haben wir die Gelegenheit, unsere Gewohnheitsmuster zu durchbrechen. Warum nehmen wir uns nicht wichtig genug, um uns unser Spiel einzugestehen und uns zu ändern? Warum halten wir uns ständig zum Narren?

Wir haben Angst zu lernen, weil wir Angst haben zu wachsen und die größere Verantwortung zu übernehmen, die zum Wachsen gehört. Oberflächlich meinen wir vielleicht, wir wollten lernen, aber in tieferen und feineren Schichten empfinden wir Wachstum und Veränderung als bedrohlich. Obwohl wir ständig versuchen, uns selbst und unsere Beziehungen zu verbessern – um mehr Freude zu haben und positiver zu sein – sind unsere Handlungen zusammenhanglos und wenig wirksam. Zum Beispiel nehmen wir uns vor, zu meditieren: wir treffen alle möglichen Vorbereitungen, richten unser Zimmer her und zünden Räucherwerk an. Dann setzen wir uns hin und geben uns Anweisungen: ›Ich werde jetzt ruhig sein, vollkommen entspannt und bewußt …, ohne zu greifen oder bei Gedanken zu verweilen …‹ Aber während der gesamten Meditation spielen wir ein ausgeklügeltes Spiel. Selten konzentrieren wir unseren Geist im gegenwärtigen Augenblick, sondern wir beschäftigen uns statt dessen mit Erinnerungen oder mit Plänen für die Zukunft – oder wir schlafen einfach ein. Selbst nach Jahren des Lernens und Übens tun wir nicht viel mehr, als uns ständig auf die Übung vorzubereiten und uns Anweisungen zu geben. Wir strengen uns so sehr dabei an, daß wir niemals wirklich anfangen.

Trotz allem sind unsere Erfahrungen ein hervorragender Lehrer; wir können sehr viel aus all dem durchlebten Leiden, den Frustrationen und der Verwirrung lernen. Schließlich werden wir durch unsere Selbsttäuschung, unser Greifen und unsere negativen Emotionen so erschöpft, daß wir uns zwangsläufig ändern. Aber zuerst müssen wir die Folgen unserer Handlungen erkennen und verstehen. Diese Folgen wirken sogar über unseren Tod hinaus weiter. Wenn wir also das Gift nicht jetzt beseitigen, gibt es keine Möglichkeit, zukünftiges Leiden zu vermeiden. Wir werden weiter zwischen den beiden Extremen des Greifens und Leidens im vielschichtigen Kreislauf des Bedauerns der Vergangenheit, der Hoffnungen auf eine bessere Zukunft und der gegenwärtigen Verwirrung gefangen bleiben. Wir brauchen sehr viel Mut, um unseren Schmerz und unsere Verwirrung anzunehmen, weil wir die ganze Zeit unser Leid selbst geschaffen und verstärkt haben, und es gab Zeiten, da hat es uns sogar gefallen! Es sieht so aus, als wären wir nicht bereit, uns von unserem Leiden zu trennen. Wir machen weiterhin Fehler, schaffen Verwirrung und vermehren unsere Frustration. Das Ego spielt seine Spiele mit uns und es durchdringt alle unsere Gefühle, Empfindungen und Vorstellungen. Jedoch sind wir uns nicht wirklich bewußt, wie das Ego diese Muster in unserem Leben verursacht oder wie sich die verschiedenen negativen Haltungen und Neigungen entwickeln. Wir wissen nur, daß wir bis zur Erschöpfung an unserem Schmerz und unseren Problemen leiden werden.

Wir müssen unser Alltagsleben ehrlich betrachten und uns unseren Problemen und Schwächen stellen. Ob wir dies als spirituellen Weg oder als Religion bezeichnen, ist unwichtig.

Was zählt ist, daß wir aufrichtig handeln, und daß unser Geist frei davon ist, seine Spiele zu treiben. Wenn wir ehrlich sind und die Wahrheit aufrichtig lieben, können wir unser Leben revolutionieren. Wir brauchen dabei nicht blindgläubig einem bestimmten System zu folgen, sondern können eigenständig unseren Weg entwickeln, indem wir auf unser Herz hören und den Wahrheiten folgen, die wir durch eigene Erfahrung entdeckt haben. Sich vorbehaltlos der Wahrheitssuche zu verpflichten, kann ein gewaltiger, positiver Schritt sein.

Ungeachtet unserer Vergangenheit können wir jetzt eine Entscheidung für unsere Zukunft treffen. Wenn wir entschlossen sind, ehrlich und verständig an uns zu arbeiten, kann ein wertvoller Wachstumsprozeß stattfinden. Ehrlichkeit ist erforderlich, weil wir lernen müssen, auf die beste Weise für uns zu sorgen. Klugheit ist erforderlich, weil es viele Hindernisse zu überwinden gilt. Wenn wir nicht unbarmherzig ehrlich sind, werden wir uns letztlich betrügen, indem wir unsere Fehler beschönigen oder unseren Schwierigkeiten zu entfliehen versuchen, anstatt uns selbst gegenüberzutreten und eine sinnvolle innere Veränderung herbeizuführen. Wenn wir inneren Frieden und Ausgeglichenheit anstreben, müssen wir mit Ehrlichkeit beginnen.

Verantwortung übernehmen

Letztlich bleibt uns keine andere Wahl,
als die Verantwortung für uns selbst zu übernehmen.

WIR ALLE möchten glücklich sein und ein erfülltes und sinnvolles Leben führen. Aber das Leben hat nicht viel Sinn, solange wir morgens meist mit Sorgen und Ängsten aufwachen und unsere Tage damit verbringen, uns frustriert oder nutzlos zu fühlen. Möglicherweise können wir durch verschiedene Formen ichbezogener Bestätigung zeitweise Erleichterung finden, aber schließlich müssen wir feststellen, daß solche Freuden flüchtig sind. Lernen wir statt dessen, die Verantwortung für uns zu übernehmen und in Harmonie und Ausgeglichenheit zu leben, werden wir ein tiefes Gefühl von innerer Freiheit erfahren, das unserem Dasein Richtung gibt und uns selbst durch die schwierigsten Situationen trägt.

Wenn wir jeden Aspekt unseres Körpers, unseres Geistes, unserer Gefühle und all dessen, was uns im Laufe eines Tages widerfährt, genau beobachten, sind wir in der Lage, zu erkennen und sogar vorauszusagen, welche Muster, Einstellungen und Qualitäten den Rest unseres Lebens bestimmen werden. Sehen wir uns an, wie wir unsere Zeit verbringen, können wir zumeist feststellen, daß der größte Teil davon mit Tagträumen und Verwirrung verbracht wird, weil wir unsere Vorhaben nicht richtig einteilen. Dabei haben wir das Gefühl, immer beschäftigt gewesen zu sein. Manchmal gehen wir einfach nur ziellos und planlos umher.

Jeder Tag ist ein Glied in der Kette, die unser Leben ausmacht. Auf der praktischen Ebene sollten wir uns stets unseres Handelns bewußt sein. Nicht damit wir reich und mächtig werden, sondern weil wir möglichst ausgeglichen leben und uns des Lebens erfreuen wollen.

Die westlichen Industrienationen sind reiche Länder, die uns die seltene Gelegenheit bieten, für uns selbst sorgen zu können, großzügig zu sein und niemandem zur Last zu fallen. Wenn wir offen und bereitwillig sind, ist es nicht so schwer, für uns selbst zu sorgen. Hätten wir die Verantwortung für die Bedürfnisse von zweihundert oder dreihundert Menschen, könnten schon Probleme auftauchen; aber für nur eine Person Sorge zu tragen, kann doch nicht so schwierig sein. Wir wiegen vielleicht zwischen vierzig und achtzig Kilo, sind zwischen einhundertfünfundvierzig und einhundertneunzig Zentimeter groß. Doch stecken die meisten unserer Probleme in unseren Köpfen, die nicht dicker als zwanzig Zentimeter sind. – Und dafür Sorge zu tragen, fällt uns so schwer!

Viele von uns haben während ihrer Jugend nicht gelernt, Verantwortung zu übernehmen. Die über zehn oder fünfzehn Jahre angehäufte Schulweisheit erweist sich für die praktische Lebensführung als fast wertlos. So müssen wir entdecken, daß wir als Erwachsene nicht wissen, wie wir ein in sich ausgewogenes und sinnvolles Leben führen können. Solange wir nicht die Wirkungen der Emotionen und des Egos auf uns verstanden haben, kann es sein, daß wir uns nur selbst hintergehen, auch wenn wir uns für unabhängig und verantwortungsvoll halten. Sobald wir in eine Krise geraten, können wir feststellen, ob unsere innere Stärke genug entwickelt ist, um uns durch unsere Schwierigkeiten hindurchzutragen oder nicht.

Manchmal gehen wir unsere Probleme indirekt an, indem wir anderen die Schuld dafür geben. Das führt zu Verwirrung und schafft eine schwere und negative Atmosphäre in uns und um uns herum. Während es einfach ist, andere zu kritisieren, ist es viel schwieriger, die eigenen Schwächen und Fehler zu sehen und zu überwinden. So reden wir uns ein, unsere Probleme würden sich von selbst lösen, wenn wir uns ihnen eine Zeitlang entziehen. Oder wir kommen auf die Idee, wir könnten unseren Schwierigkeiten und denen der anderen entgehen, indem wir einem spirituellen Weg folgen. Letztlich bleibt uns jedoch keine andere Wahl, als die Verantwortung für uns selbst zu übernehmen. Lernen wir, unmittelbar mit unseren Klagen und Schwierigkeiten umzugehen, verlieren unsere romantischen Vorstellungen über den spirituellen Weg ihre Bedeutung. Wir erkennen, daß es wichtig ist, für uns selbst die Verantwortung zu übernehmen und uns immer unserer Gedanken, Gefühle und Handlungen bewußt zu sein. Wir *können* unsere Probleme wirksam angehen, unser Potential entwickeln und den Sinn und Wert unseres Lebens entdecken. Es mag sich stark vereinfacht anhören, aber manchmal ist es hilfreich, alle unsere Probleme für einen Augenblick einfach zu vergessen. Wir können dann erkennen, daß viele Dinge, in die wir uns verstrickt haben, unsere Perspektive einengen. Unsere Sorgen, Ängste und Bedrücktheit sind selbst zu einem Hindernis für innere Ausgeglichenheit und Entwicklung geworden. Sie haben uns davon abgehalten, schöpferisch mit unseren Schwierigkeiten umzugehen.

Der Kreislauf der Emotionen und Verhaltensmuster ist schwer zu durchbrechen, weil wir in unserer Verwirrung kaum zwischen Nützlichem und Schädlichem unterscheiden können. Dies tritt besonders dort zutage, wo Menschen auf engem Raum zusammenleben und den unterschiedlichsten und sich widersprechenden Einflüssen ausgesetzt sind. Die Verwirrung und Negativität kann überwältigend sein. Menschen verfallen dann oft der Hoffnungslosigkeit – dem Gefühl, keine andere Wahl zu haben, nicht entkommen zu können. Diese Haltung führt schließlich zum Schwinden der Lebenskraft und zu völliger Gleichgültigkeit.

Deswegen ist es wichtig, die Macht unserer Emotionen zu erkennen und die Verantwortung für sie zu übernehmen, indem wir eine leichte und positive Atmosphäre um uns schaffen. Die daraus entstehende Haltung der Freude hilft, Hoffnungslosigkeit, Einsamkeit und Verzweiflung zu lindern. Die Beziehungen zu unseren Mitmenschen verbessern sich dann von selbst. Nach und nach wird die gesamte Gesellschaft positiver und ausgeglichener.

Wenn wir unsere Emotionen beobachten, erkennen wir, wie ansteckend sie sind. Lacht jemand, so überkommt uns das Gefühl, ebenfalls lachen zu müssen; weint jemand, werden auch wir traurig; ebenso ergeht es uns, wenn jemand niedergeschlagen ist. Negativität ist wie eine ansteckende Krankheit – ist eine Person negativ, so werden auch andere aufgeregt und negativ.

Nehmen wir uns also die Zeit, unsere Bewußtheit zu entwickeln und unseren Geist und unsere Sinne zu erfrischen – denn wir können es uns nicht erlauben, unsere Zeit damit zu verschwenden, traurig, emotional oder verwirrt zu sein. Jetzt, in diesem Augenblick, können wir damit beginnen, für uns die Verantwortung zu übernehmen. Das sind keine Ideale oder Ziele für eine unbestimmte Zukunft. Wir können jetzt sofort damit beginnen.

Das Leben bewegt und verändert sich dauernd. Ein Moment vergeht, leitet zum nächsten über, und keiner gleicht dem anderen. Jeden Augenblick unterliegt unser Körper physiologischen und psychologischen Veränderungen, ohne daß wir dies bemerken. Sind uns diese Veränderungen bewußt, fällt es uns leichter, das Leben zu schätzen und uns mit anderen zu verständigen. Wenn uns jedoch entgeht, was in unserem Leben geschieht, müssen wir vielleicht plötzlich feststellen, daß es schon zur Hälfte verstrichen ist, und wir erst kleine Fortschritte bei der Überwindung unserer Schwierigkeiten und der Entwicklung positiver Eigenschaften gemacht haben. Da das Leben schnell dahinfließt – schneller noch als ein Fluß –, müssen wir jeden Augenblick sinnvoll nutzen. Deswegen ist es wichtig, immer bewußt zu sein, zuerst zu beobachten und zu überlegen, was wir tun, und nicht unbesonnen zu handeln. Die Spontaneität, die aus Sicherheit und Selbstvertrauen wächst, ist eine sehr positive Eigenschaft. Aber nur zu oft reagieren wir gedankenlos. Wir sind wie ein Stück Watte, das vom Wind getrieben überall hinfliegt. Die Folgen plötzlichen Handelns sind oft nicht absehbar und können deshalb zu Verwirrung und Bestürzung führen. Wir können durch unseren unklaren Geist zu extremen Reaktionen getrieben werden. Daher müssen wir unsere Erregbarkeit zügeln und uns statt dessen auf unsere innere Stärke und Überzeugung verlassen. Trotzdem ziehen es die meisten von uns vor, lieber dem Reiz des Augenblicks zu folgen, ohne dabei die Konsequenzen in Betracht zu ziehen. Es war einmal ein Affenkönig, der von der Höhe eines Abgrundes in eine tiefe Schlucht hinabblickte. Er sah, wie sich dort in einem See der Mond spiegelte. ›Was für ein herrlicher Edelstein! Den muß ich haben!‹ dachte er. Als er seinen Wunsch den anderen Affen mitteilte, entgegneten ihm alle, daß dies schwer zu bewerkstelligen sei. Aber der Affenkönig antwortete: ›Ich habe eine Idee. Einer von uns wird sich an einem Baum festklammern, und dann werden wir eine Kette bilden. Jeder hält sich am Schwanz des anderen fest. Wir können diese Kette bis hinab zum Grund verlängern, und der Letzte wird schließlich den Edelstein ergreifen können.‹ – So baumelten fünfhundert Affen, der eine an den anderen geklammert, über dem Wasser. Aber das Gewicht der Affen war für den ersten am Baum nicht mehr zu halten. Er ließ los. Alle fünfhundert fielen ins Wasser und ertranken.

Unser Verstand ähnelt oft dem des Affenkönigs. Überdenken wir unsere Handlungen nicht zuerst sorgfältig, können wir die Folgen nicht klar erkennen. Unsere wie Edelsteine funkelnden Phantasien, Träume und selbstsüchtigen Wünsche werden uns dann in Unannehmlichkeiten bringen. Wenn wir blind handeln, ohne sinnvolle oder vernünftige Richtung, finden wir uns vielleicht in Situationen gefangen, die noch wesentlich verzwickter sind als der gegenwärtige Zustand.

Sei dir deshalb deines Körpers und deiner Sinne bewußt. Verlasse den Nebel deiner Zukunftsträume und beende das Wiederaufwärmen vergangener Erlebnisse. Trenne dich von der Romantik deiner Emotionen, und sei dir einfach bewußt, was in deinem Geist und deinen Gefühlen vor sich geht. Wenn du einmal dein Gleichgewicht gefunden hast, kannst du es dir erhalten, was auch immer in deinem Leben geschieht. Die Muster des täglichen Lebens können dein Lehrer sein. Untersuche von Zeit zu Zeit deine Gedanken und prüfe die Ereignisse in deinem Leben. Übe dich darin, jeden Augenblick gegenwärtig zu sein. Durch stetiges, tägliches Üben entwickelst du eine gesunde Art von Aufrichtigkeit. Dein Leben wird weniger chaotisch und verworren verlaufen, und du wirst nicht mehr so daran interessiert sein, Befriedigung außerhalb deiner selbst zu suchen. Eine der besten Arten, Verantwortung zu übernehmen, ist, jeder Situation bewußt zu begegnen.

Das Herz öffnen

Ist unser Herz offen,
erscheint alle Existenz
von selbst schön und harmonisch.

DIE GRUNDLEGENDEN Lehren des spirituellen Weges kommen aus dem Inneren unseres Herzens. Wenn unser Herz zu unserem Lehrer wird und Vertrauen in uns wächst, fließt spirituelle Nahrung durch unser Herzzentrum und setzt dabei heilende Energien frei. Im Vergleich dazu erscheinen uns andere Freuden und Empfindungen wie ein kurzes Aufblitzen. Deswegen ist es wichtig, mit unserem Herzen in Berührung zu kommen und auf die Stille in uns zu lauschen.

Oft genug jedoch werden unsere Gedanken und Gefühle nur oberflächlich von unserem Studium der Lehre oder unserer Meditation berührt. Wir nehmen uns nicht als die an, die wir sind, sondern verbringen unser Leben träumend und mit dem Verlangen nach äußeren Vergnügungen. Diese Phantasien hypnotisieren uns. Sie verhindern den Kontakt zu unseren innersten Gefühlen – Gefühlen, die nun unter Schichten von Enttäuschungen, die aus unseren nicht erfüllten Erwartungen entstanden sind, verborgen liegen. So spalten Phantasien unseren Geist und unseren Körper.

Das Leben erscheint ziemlich leer, wenn unser Herz verschlossen ist. Wir können Bücher lesen, Freunde und Liebespartner um Rat fragen oder uns in materielle Dinge flüchten, aber trotzdem besorgt und unerfüllt bleiben. Vergnügungen befriedigen uns nicht mehr so sehr und wir können nichts Schönes mehr finden, das uns nicht gleichzeitig irgendwie enttäuschen würde. Die Liebe ist flüchtig, und es gibt nichts, das uns wirklich sinnvoll oder der Mühe wert erscheint. Wir zappeln im Netz unserer Probleme und suchen nach einer Methode oder Technik, die uns von der Anspannung und dem Druck unserer Unsicherheiten und Ängste befreit. Zum Schluß weinen wir vielleicht einfach still vor uns hin.

In der Tiefe des Ozeans liegen Felsblöcke, die seit Jahrtausenden von Wasser bedeckt sind; in ihrem Inneren jedoch sind sie trocken. Auf vergleichbare Weise versuchen wir manchmal, uns selbst zu verstehen, indem wir uns in verschiedene Ideen und Philosophien vertiefen. Aber wenn unsere Herzen verschlossen und kalt sind, kann uns der wirkliche Sinn nicht richtig berühren. Ganz gleich, wo wir sind oder was wir tun, wenn wir nicht offen sind, kann uns niemand, auch der größte Lehrer nicht, erreichen.

Obwohl wir erwachsen sind, ist in jedem von uns noch das Kind lebendig. Dieses Kind will wachsen, will tanzen, will reifen – aber es fehlt ihm an der rechten Nahrung. Es kennt nur einen einzigen Weg zur Befriedigung: fordern und greifen. So steht das Ego hinter jeder Handlung – es gibt die Richtung an, manipuliert und besitzt.

Gelegentlich erfahren wir Erleichterung von unserer Unzufriedenheit, aber schon bald lassen unsere Erinnerungen neues Verlangen entstehen. Wir bemühen uns, alte Erfahrungen zu wiederholen, und suchen nach neuen Wegen, zu gefallen oder Gefallen zu finden, zu befriedigen oder Befriedigung zu finden. Dennoch scheint das Leben die meiste Zeit frustrierend und hoffnungslos zu sein. Obwohl wir alle glücklich sein wollen, erreichen aufgrund des scheinbar endlosen Kreislaufs zwischen Erwartungen und Enttäuschungen nur wenige dieses Ziel. Aber dieser Kreislauf kann ein Ende haben. Können wir unser Anhaften und unser Greifen aufgeben, *ist* es möglich, spirituell zu wachsen und wirkliche Freude zu finden. Bienen holen sich den Nektar von Blumen, bleiben aber nicht an der Blüte hängen.

Es gibt also einen Weg – einen, an dem das Ego nicht beteiligt ist. Wir können einfach sein. Wir können das Ego vergessen, es abschütteln und uns vollständig entspannen. Wir brauchen nicht über ›mein‹ und ›dein‹ oder über das, was wir gewinnen oder verlieren, nachdenken. Wir können einfach unsere Gefühle, unsere Entspannung, unsere Ruhe und unsere Freude ausweiten. Wir können unsere Bewußtheit weiterhin ausdehnen – befreit vom Ego, frei von Erwartungen, Urteilen und Identifikationen. Sobald wir das tun, beginnen wir, wirklich zu wachsen.

Wenn wir einmal klar erkennen, daß unsere Erwartungen nur zu Enttäuschung und Frustration führen, sind wir nicht länger durch dauerndes Greifen gebunden und wir werden offener gegenüber unserer Erfahrung. Wir können überall Zufriedenheit finden. Ein einfacher Spaziergang kann uns mehr erfreuen als irgendein anderes Vergnügen. Solange wir jedoch unser Herz nicht öffnen, wird es wenig Inspiration, wenig inneres Licht oder Wärme zu unserer Unterstützung geben, denn wir untergraben uns ständig selbst. Letztlich wird uns niemand wirklich helfen können, wenn wir nicht selbst den ersten Schritt tun, uns zuhören, uns ermutigen und uns Vertrauen schenken, indem wir zu unserem eigenen Herzen Zuflucht nehmen.

Beginne daher, deinem Herzen zuzuhören, deinen Gefühlen, Gedanken und dem inneren Zwiegespräch. Achte genau auf alles, was in dir vorgeht. Zuerst wirst du möglicherweise urteilen und deine gegenwärtige Erfahrung zurückweisen, denn du hegst vielleicht einen tiefen Groll gegenüber dir selbst oder anderen. Oder du fühlst dich dumpf und kalt. Dein Herz kann wie zugeschnürt sein und es bereitet dir vielleicht Schwierigkeiten, überhaupt irgend etwas zu empfinden. Höre dennoch sehr behutsam und mit Bedacht auf deine Gefühle. Das ist wichtig. Höre deinem Herzen zu – im wahrsten Sinne des Wortes – höre dein Herz schlagen. Normalerweise sind wir uns nicht einmal bewußt, wie schnell oder langsam unser Herz schlägt.

Anstatt dich mit Gedanken und Vorstellungen abzulenken, höre auf deine innere Stimme, und du wirst sehen, um wieviel es entspannter und freudvoller du wirst. Hörst du sehr genau hin, kannst Du manchmal sogar einen Klang innerhalb der Stille vernehmen. Es ist nicht jenes Rauschen, das zu hören ist, wenn dein Körper durch den natürlichen Prozeß der Entspannung geht, sondern der Klang deiner Gedanken, die sprechen. Wenn deine Sinne sehr still geworden sind, wenn du ganz entspannt bist und dich konzentrierst, ist es möglich, verschiedene Töne zu hören. Manchmal ist es ein hoher, schriller Ton oder eine tiefe Stimme – aber dies hängt sehr stark von deiner individuellen Erfahrung ab. Es gibt zehn verschiedene Töne und jeder Ton hat eine bestimmte Schwingung. Aber um diese Schwingungen erfahren zu können, mußt du zuerst deine Konzentration und Bewußtheit soweit entwickeln, bis du schließlich vollkommen aufmerksam und offen bist.

Es ist wichtig, nicht nach irgendeiner bestimmten Erfahrung zu streben – entspanne dich also, ohne Ablenkung und ohne deine Bewußtheit zu verlieren. Gelegentlich kannst du nach einer langen Meditationsperiode, wenn du sehr still und wach bist, eine wunderschöne, zarte Musik in deinem Körper hören – eine Art stille Musik zwischen den Gedanken. Durch Meditation und Einfühlsamkeit kannst du mit dieser stillen inneren Musik in Berührung kommen.

Bevor wir das höhere Selbst in uns vernehmen können, müssen wir lernen, uns selbst anzunehmen und zu lieben. Mit der Zeit öffnet sich das Herzzentrum von selbst, und das ist der Anfang des Weges der Offenheit, des Mitgefühls und der inneren Verpflichtung. Wenn die verschiedenen Körperzentren geöffnet sind, können wir gewisse geistige und körperliche Zeichen oder Energien entdecken, die sowohl die Emotionen als auch das Nervensystem beeinflussen. Wir können tatsächlich fühlen, wie offen unser Herz ist und wie gut wir mit ihm in Verbindung stehen.

Ist unser Herz offen, erscheint alle Existenz von selbst schön und harmonisch. Das ist nicht einfach ein weiteres Wunschbild – es *ist* möglich, auf diese Weise zu sehen oder zu fühlen, und dies ist die Essenz der spirituellen Lehren. Das Herz enthüllt uns alles Wissen. Warum das Herz und nicht der Geist? Weil unser Ego unseren Kopf kontrolliert und unser Herz viel freier ist. Ist unser Herz offen, dann ist kein Problem zu groß. Auch wenn wir unseren Besitz und unsere Freunde verlieren, verlassen werden und niemanden haben, der uns unterstützt oder führt, können wir uns durch unsere tiefsten Gefühle, unsere innere Stille, nähren. Indem wir uns unsere inneren Reichtümer erschließen, können wir mit emotionalen und intellektuell schwierigen Situationen leichter umgehen, denn wir sind nicht länger in das Drama um uns herum verwickelt. Selbst wenn wir dem Tod gegenübertreten müssen, können wir friedvoll, ruhig und ausgeglichen bleiben.

Deswegen müssen wir unsere wärmenden und positiven Gefühle bestärken. Diese Wärme gehört nicht zu jener Art oberflächlicher oder sentimentaler Emotionen, die zu Unausgeglichenheit führen und anstatt Ruhe häufig ›Panik‹ entstehen lassen. Es ist eine echte Offenheit, die im Herzzentrum, unserem inneren Heiligtum, unserem Zuhause, als tiefe Wärme empfunden wird.

Im Herzzentrum entfaltet sich unsere innere Natur in ihrer ganzen Fülle. Wenn sich das Herzzentrum öffnet, lösen sich alle Blockaden und eine Geistigkeit oder Intuition verbreitet sich über den gesamten Körper, so daß unser ganzes Sein lebendig wird. Dieser ›Geist‹ wird manchmal als das Wesen der menschlichen Energie oder als Kern der Wahrheit bezeichnet. Ganz gleich, wie wir es nennen: solange wir uns nicht davon durchdringen lassen, sind wir vielleicht körperlich aktiv, aber unser Herz bleibt verschlossen. Wir sind uns selbst fremd.

Gelingt es uns, unseren Verstand mit unserem Herzen und unser Handeln mit unserer Intuition in Einklang zu bringen, können wir wirklichen Sinn in unserem Leben finden. Unsere emotionalen Schwierigkeiten und Probleme verringern sich von selbst, und wir entdecken Inspiration, Einsicht, Motivation und Stärke. Auf natürliche Weise ist es uns möglich, uns Selbststärkung, Selbstmotivation und Selbstvertrauen zu geben. Laßt uns also auf das Geschehen in unserem Herzen achten. Dies ist eine wesentliche Vorbereitung, um die Wahrheit unseres eigenen Lebens zu erfahren.

Mitgefühl erwecken

Wie die Sonne, die zahllose Strahlen aussendet,
ist Mitgefühl die Quelle allen inneren Wachstums
und aller positiven Handlungen.

SCHON BALD nach unserer Geburt beginnen wir, uns an das eigene Leiden und die eigene Verwirrung zu gewöhnen. Aber selbst nach vielen Jahren sind wir uns des Leidens anderer Menschen noch nicht bewußt. Unsere Fähigkeit, uns mitzuteilen, selbst denen, die uns am nächsten stehen, ist begrenzt. Wir finden es schwierig, sie zu verstehen, und ihnen fällt es oft schwer, uns zu verstehen. Obwohl wir in unmittelbarer Nähe Hunderter oder sogar Tausender von Menschen leben, mit denen wir viele grundlegende menschliche Probleme teilen, zeigen wir nicht viel Anteilnahme füreinander.

Dennoch suchen viele von uns nach Wegen, sich selbst und andere zu verstehen und zufriedenzustellen. Normalerweise finden wir jedoch nur eine Ansammlung von Informationen – Begriffe und Theorien, die wenig mit den Belangen menschlicher Entwicklung und menschlichem Verstehen zu tun haben. Dennoch studieren wir diese Informationen und meinen, wirkliches Wissen gefunden zu haben. Wenn das, was wir lernen, uns dabei hilft, zu wachsen und innerlich Fortschritte zu machen, mag dies zutreffen. Ist dem jedoch nicht so, können wir uns Jahr für Jahr in denselben stumpfsinnigen Situationen wiederfinden, folgen dabei denselben dummen Verhaltensmustern und verschwenden unser Leben mit dem Sammeln von Informationen, die kaum jemandem wirklichen Nutzen bringen. Somit ist es wichtig, *jetzt* unser Leben genau zu betrachten und zu lernen, aus dem Wissen und dem Verstehen, das in uns liegt, Nutzen zu ziehen.

Wenn wir uns selbst ehrlich anschauen, was sehen wir dann? Oberflächlich erscheint unser Leben vielleicht glücklich und angenehm, dennoch sind wir möglicherweise nicht wirklich zufrieden. Obwohl wir lächeln und handeln, als ob wir keine Sorgen hätten, leiden wir vielleicht, ohne jemanden zu haben, der uns helfen und richtig führen könnte. Indem wir unsere Stellung oder unser Selbstbild schützen, bleiben wir in unserer Vereinsamung und schaffen uns in einer ganz persönlichen Welt unser eigenes kleines Schneckenhaus, das niemand sonst betreten darf. Dort erleben wir all unsere Freuden, aber auch unsere Fehlschläge und Enttäuschungen. Dort können wir so viele Fehler machen, wie wir wollen, und keiner wird jemals etwas davon erfahren. Dort verbergen wir unseren geheimen Groll und unsere Intoleranz – und vergessen, daß alle derartigen Einstellungen wie Gift sind und nur weitere Enttäuschungen und Negativität hervorbringen werden.

So spüren wir einerseits das Bedürfnis nach Beziehungen zu anderen Menschen, die uns Freude und Freundschaft bringen sollen. Aber andererseits errichten wir eine Mauer, um uns vor Komplikationen und Konflikten zu schützen, so daß wir uns selten berühren, uns kaum vertrauen oder wirklich austauschen. Als wir noch jünger waren, haben wir vielleicht versucht, mit unseren Gefühlen offener zu sein, aber wir wurden daraufhin verletzt und gaben es schließlich auf. Unser Ego war zu verletzlich oder unsere Zuneigung für andere nicht groß genug, so daß wir uns schließlich sehr isoliert haben. Und selbst jetzt, da wir enge Freunde oder eine Familie haben, erkennen wir, wenn wir ehrlich mit uns sind, wie einsam wir sind. Wir öffnen uns selten irgend jemandem; und selbst wenn wir uns um jemand kümmern, entspringt unsere Sorge oft einem Pflichtgefühl oder der eigennützigen Erwartung, unsere Fürsorge möge belohnt werden.

Was immer wir auch vortäuschen, wir können lernen, uns um dieses erschreckte und einsame Wesen, das wir vielleicht sind, zu kümmern. Uns unserer anzunehmen, kann eine große

Quelle des Schutzes vor Leid und Frustration sein. Selbstvertrauen kann uns dabei helfen, unsere Intelligenz und unser Wissen so anzuwenden, daß unser Leben ausgeglichener und harmonischer wird. Indem wir uns selbst stärken und entwickeln, schließen wir Freundschaft mit uns selbst. Unser Herz öffnet sich von selbst, und Mitgefühl entfaltet sich von innen heraus. Wenn sich Selbstvertrauen und Selbstheilung entwickeln, beginnen wir, mit uns und anderen wirklich freundlich umzugehen. Sich selbst anzunehmen ist nicht eine weitere ichbezogene Handlung mit spirituellem Etikett. Wir können uns wirkliche Wärme und Unterstützung geben, ohne dazu durch Eigenliebe motiviert zu sein, denn Fürsorge für sich selbst ist etwas ganz anderes als die Gier nach Befriedigung. Ohne Mitgefühl wurzeln unsere Gedanken und Handlungen in dem Verlangen nach egoistischer oder selbstsüchtiger Befriedigung. Echtes Mitgefühl ist das Gegenmittel für das Ego und entsteht aus einer bescheidenen und furchtlosen Haltung von Offenheit und Großzügigkeit.

Mitgefühl ist die Brücke, die spirituelle Grundlage für Frieden, Harmonie und Ausgeglichenheit. Das Ego ist das Hindernis. – Es treibt sein Spiel, es greift und ist trickreich und erfinderisch. Es beherrscht im Grunde unser Leben. Das Ego hat uns körperlich und geistig derartig programmiert, daß nur Mitgefühl seine Macht brechen kann und es uns so ermöglicht, unser ganzes menschliches Potential zu entfalten.

Wenn wir unser Leiden und unsere Einsamkeit in ganzer Tiefe fühlen, können wir uns die vielen anderen Wesen in der Welt vorstellen, die dieselben Gefühle haben. Wir erkennen, daß die Bedingungen, die dieses Leiden entstehen lassen, immer wieder auftreten, nicht nur in diesem, sondern in vielen Leben. Wir sehen deutlich, daß wir diese Situation sobald wie möglich ändern müssen. Erkennen wir alles, was wir mit anderen gemeinsam haben, entsteht von selbst Mitgefühl, und wir behandeln andere Menschen nicht mehr so gleichgültig. Wir verstehen leichter ihre Probleme, und indem wir lernen, wie wir uns selbst heilen können, können wir mit unserem Wissen auch ihnen helfen.

Lernen wir, uns um uns selbst zu kümmern, so lernen wir auch, die Kostbarkeit und Einzigartigkeit jedes Individuums zu schätzen. Wir nehmen andere warm und freudig in unser Herz auf, denn wir müssen uns nicht mehr verteidigen. Wenn *uns* andere auf diese Weise begegnen, erkennen wir das leicht an dem Strahlen in ihren Gesichtern und dem Leuchten in ihren Augen.

Obwohl Mitgefühl diese öffnende Kraft besitzt, sind wir oft nicht einmal gegenüber unseren eigenen Eltern mitfühlend. Vielleicht war unsere Beziehung zu ihnen während der Kindheit nicht offen und herzlich, und so weisen wir heute vielleicht unsere eigene Mutter, die uns das Leben schenkte, zurück oder hassen sie sogar. Fürsorge für die Eltern ist jedoch für das psychologische Wohlergehen jeder Zivilisation unerläßlich – Eltern sorgen für ihre Kinder, und Kinder sorgen für ihre Eltern. Diese Beziehung ist sehr wichtig. Dennoch gibt es in vielen Familien große Mißverständnisse und Vorbehalte, die oft ein ganzes Leben lang andauern.

Wir können anfangen, Mitgefühl für unsere Eltern zu entwickeln, indem wir uns vergegenwärtigen, wieviel sie auf sich genommen haben, um uns zu schützen und uns beizustehen; wie viel sie uns geholfen haben, selbst dann, wenn ihr eigenes Leben schwierig war. Möglicherweise hätten sie bei unserer Erziehung weiser vorgehen können; vielleicht waren sie unwissend oder in ihrem eigenen greifenden Geist und ihren Wünsche gefangen. In ihrem begrenzten Rahmen versuchten sie jedoch, ihr Bestes zu tun. Wir können uns in sie einfühlen, indem wir uns vorstellen, wir hätten *ihr* Leben gelebt, ihre Eltern gehabt, ihre Kindheit, ihre Erziehung und ihre Erfahrungen. Wir können versuchen, uns unsere Kindheit bildlich vorzustellen, wie sie vor zwanzig, dreißig oder vierzig Jahren war. Wir waren klein und schwach und haben es dennoch irgendwie geschafft, heranzuwachsen. Dabei sind wir durch viele Erfahrungen hindurchgegangen. Nun, da wir erwachsen sind, können wir alles tun, was wir wollen. Aber es lohnt sich, uns an unsere Herkunft zu erinnern und daran zu denken, wieviel Schmerzen, Sorgen und Leid unsere Eltern erfahren haben, als sie uns ernährten und unser Wachstum ermöglichten. Blicken wir zurück und rufen uns das alles in Erinnerung, wird unser Herz unseren Eltern gegenüber offener.

Mitgefühl ist eine gesunde psychologische Haltung, da es weder Erwartungen noch Forderungen beinhaltet. Auch wenn wir auf der praktischen Ebene nicht sehr viel erreichen, so können wir zumindest den Wunsch pflegen, liebevoll und von Herzen mitfühlend zu sein – den Wunsch, anderen spontan und rückhaltlos zu helfen. Diese Haltung öffnet von selbst unser Herz und entwickelt unser Mitgefühl. Dann können wir uns aufrichtig sagen: ›Wenn es irgendeinen Weg geben sollte, der mein Mitgefühl oder Verständnis von Menschlichkeit steigert, so möchte ich diese Lehre empfangen – was immer sie ist, wo immer sie sich befindet – und die Verantwortung übernehmen, dieses Wissen einzusetzen, um anderen zu helfen.‹

Wenn wir Mitgefühl entwickeln, beginnen wir, unser Herz ganz und gar hinzugeben. Wir kümmern uns nicht einmal darum, ob die andere Person unsere Einstellung oder unser Handeln anerkennt – sie bemerkt es vielleicht nicht einmal. Wenn wir das Greifen des Selbst vermindern, eröffnet sich uns ein tieferes Gefühl von Erfüllung und Zufriedenheit, das sich ausdehnen und unserem Leben eine große Bedeutung geben kann. Was sonst hat im menschlichen Leben einen solchen Wert?

Wir können sehr intelligent und mächtig sein, sehr kultiviert und weit gereist, aber was ist das wert? Wie der Traum einer Nacht ist es schnell vergangen. Jede vorstellbare Erfahrung ist ihrem Wesen nach vergänglich. Allein Mitgefühl schafft dauerhaftes Glück. Anders als die flüchtigen Augenblicke des ›Glücks‹, das wir gewöhnlich erfahren, ist die Freude, die aus

Mitgefühl entsteht, weder sentimental noch romantisch. Sie ist nicht dualistisch – ohne Unterscheidung zwischen Geber und Empfänger.

Es ist hilfreich, zumindest einmal am Tag an die Einsamkeit, Verwirrung, an das Leiden und die Unwissenheit zu denken, die wir alle erfahren. Das führt zu dem Verstehen, wie alle diese schmerzhaften Umstände – von der Geburt bis zum jetzigen Augenblick – zustande gekommen sind. Wenn wir dies verstehen, entspannen und öffnen wir uns von selbst. Unsere Probleme erscheinen nicht mehr so ernst. Wir können das Leben genießen und sogar über uns selbst lachen, denn wir verstehen und schätzen unser Leben als das, was es ist.

Mitgefühl wird im Herzzentrum empfunden, und Mitgefühl entspringt unseren Gefühlen, unserer lebendigen Erfahrung. Solange die positive Energie des Mitgefühls nicht durch unser Herz fließt, erreichen wir wenig, das wirklichen Wert hat. Wir füllen unseren Geist vielleicht nur mit hohlen Worten und Bildern. Wir können mehrere Wissenschaften oder Philosophien meistern, aber ohne Mitgefühl sind wir nur hohle Gelehrte, die im zerstörerischen Kreislauf des Verlangens, Greifens und der Furcht gefangen sind. Unser Leben hat wenig wirkliche Bedeutung, und wir sind selten zufrieden. Ist unsere Energie jedoch erwacht, werden unsere Beziehungen zu anderen heilsam und mühelos. – Wir fühlen uns zu nichts verpflichtet oder gezwungen, weil alles, was wir tun, sich natürlich und von sich aus ›richtig‹ anfühlt. Wie die Sonne, die zahllose Strahlen aussendet, ist Mitgefühl die Quelle allen inneren Wachstums und aller positiven Handlungen.

Deshalb ist es in dieser Zeit, da der Mensch die Macht hat, die Erde vollständig zu vernichten, besonders wichtig, alles Schöne, Heilsame und Sinnvolle zu entwickeln – und Mitgefühl zu üben. Anfänglich ähnelt unser Mitgefühl einer Kerze. – Nach und nach müssen wir es zu einer strahlenden Sonne entwickeln. Wenn Mitgefühl uns so nahe ist wie unser Atem, so

lebendig wie unser Blut, werden wir wissen, wie wir in der Welt wirksam zum Nutzen unserer selbst und anderer leben und arbeiten können.

Zuerst berühren wir unser eigentliches Wesen, dann öffnen wir uns Freunden, Eltern und Familie. Schließlich dehnen wir dieses Gefühl aus, teilen es mit allen fühlenden Wesen und bringen diese Offenheit der gesamten Natur entgegen – den Bergen, dem Wasser, dem Wind, der Sonne und den Sternen. Wenn wir uns allem Sein gegenüber offen fühlen, werden unsere Beziehungen von selbst harmonisch. Dieses Mitgefühl muß sich nicht körperlich ausdrücken – es entsteht einfach dadurch, daß wir eine offene Geisteshaltung annehmen und erweitern. Die Macht des Mitgefühls kann uns selbst und andere vollständig verwandeln, so daß unser Leben strahlend und hell wird.

Versuche also, dir alle Wesen in der Welt bildlich vorzustellen – besonders jene, die Probleme haben oder Leid erfahren. Denke besonders an deine Eltern und Freunde, ob sie noch leben oder nicht, und dann an alle anderen. Befreie dich von selbstsüchtigen Beweggründen und verwandele deine Probleme und Emotionen in tiefes Mitgefühl gegenüber allen Wesen und Erscheinungen der Natur, so daß das gesamte Universum von Mitgefühl durchströmt wird. Laß dieses Mitgefühl von jedem Teil deines Körpers ausstrahlen, und laßt uns gemeinsam unsere Kraft und Energie zu allen Wesen schicken, damit sie ihre Hindernisse überwinden können und gesund und glücklich werden.

ZWEITER TEIL

ENTSPANNUNG

Gefühle ausdehnen

Dieses Gefühl der Ausdehnung
ist sehr viel stärker als die
körperliche Empfindung von Freude –
es ist tief, weit, unendlich.

UNS ALLEN ist es möglich, gesund und ausgeglichen zu sein; es hängt nur davon ab, ob wir unsere Energien richtig ausrichten und nützen. Dieses ›Ausrichten‹ ist jedoch keine erzwungene, auferlegte Kontrolle. Es ist ein ganz natürlicher Prozeß, der einsetzt, wenn wir lernen, uns zu entspannen und bestimmte Arten des Atmens, Fühlens und Denkens zu nutzen, die uns helfen, das innere Gleichgewicht zu finden und unsere Energien freier fließen zu lassen.

Entspannung ist ein Heilmittel, um unsere Ängste und Enttäuschungen zu lindern – jene Belastungen, die sehr oft unsere Energien lähmen und uns so daran hindern, unsere Meditation und unsere Bewußtheit auszudehnen. Durch tiefe Entspannung reinigen wir unsere inneren Energien. Wir können mit Entspannung beginnen, indem wir uns aller unserer gegenwärtigen Empfindungen bewußt werden – den Muskelverspannungen, Stockungen im Atemfluß oder dem Druck im Kopf. Wir müssen uns der Gefühle, die wir Tag für Tag erleben, bewußt werden, müssen sie spüren und mit ihnen in Verbindung sein. Dann können wir durch Massage und bestimmte Übungen lernen, diese körperlichen und geistigen Beengungen zu lockern. Lernen wir, Körper, Atem und Geist zu entspannen, wird der Körper gesund, der Geist klar, und unsere Bewußtheit ausgeglichen.

Sobald wir uns entspannen und unseren Geist von Ablenkungen frei halten, entwickelt sich unser Fühlen offen und natürlich. Dann ist es an der Zeit, innere Selbstgespräche und auf Begriffen beruhendes Denken zur Ruhe kommen zu lassen;

sind diese einmal zur Ruhe gekommen, ist es ein leichtes, die Qualität unserer Meditation zu verbessern. Wir können dann während des Tages die Energie unseres Fühlens, mit der wir in Berührung gekommen sind, weiter stärken und so eine wache, wirkliche Bewußtheit entwickeln.

Setze dich hin, atme zehn- bis fünfzehnmal tief durch, entspanne langsam und vollkommen den ganzen Körper. Entspanne die Augenpartie, laß den Mund leicht geöffnet. Folge deinem Atem abwärts, in die Arme, in die Beine. Gib dich dem ganz hin. Nimm dir Zeit und spüre deinen gesamten Körper von den Zehenspitzen bis zum Scheitel. – Spürst du deinen Herzschlag? Oder den Puls in den Zehen? Massiere dann sehr sanft und sehr langsam deinen Kopf, deinen Nacken, deine Brust, die Arme, die Beine, die Füße – so daß in jeder Zelle deines Körpers ein wärmender Energiestrom zu fühlen ist. Laß deinen Körper sich auf diese Weise vollkommen entspannen.

Am Anfang ist es hilfreich, sich auf einen bestimmten Körperbereich, wie zum Beispiel den Kopf, zu konzentrieren. Die meiste Zeit ist unser Kopf geschäftiger als der Rest des Körpers, und unsere Gefühle neigen dazu, sich als Verspannungen im Nacken, den Schultern und der Gesichtsmuskulatur festzusetzen. Beginne also am besten mit einer Kopfmassage und nimm die freigewordenen Energien wahr, wie sie durch den gesamten Körper wandern. Während der Massage kümmere dich am besten nicht darum, ob die Empfindungen angenehm oder unangenehm sind – spüre sie einfach. Es ist wichtig, daß alle deine Muskeln möglichst locker sind. Daher frage dich, wenn du deinen Körper massierst: ›Ist noch irgend etwas eingeengt, sind noch Muskeln verspannt?‹ – Wenn ja, dann wende deine Aufmerksamkeit insbesondere dieser Partie zu, bis nach und nach der gesamte Körper entspannt ist. Nimm dir dann die Zeit, still auf deinen Körper zu hören. Wo auch immer Energie blockiert ist, wo Spannungen auftreten oder gar Schmerz, lockere und entspanne dich auch dort.

Entspanne nun den Atem, damit er sich beruhigt und, von keiner bewußten Kontrolle gehemmt, ungehindert fließen kann. Atme mehrmals tief ein und aus. – Dann atme sehr langsam und tief ein, halte den Atem einen ganz kurzen Augenblick an, vollkommen ruhig, und dann atme ganz ruhig und sanft gleichzeitig durch Mund und Nase aus. Spüre die Energie durch dein Blut kreisen und beobachte behutsam deine Empfindungen. Du brauchst dich nicht auf deinen Atem zu konzentrieren – laß die Empfindung da sein, und laß dein Bewußtsein die Empfindung wahrnehmen. Wenn du deinem Atem keine weitere Beachtung schenkst, wird er ganz von selbst entspannt und ruhig, und deine Körperenergie erwacht mit sehr feinen, wärmenden Empfindungen zum Leben. Es fühlt sich an wie milder Sonnenschein auf deinem Körper.

Bist du sehr still und entspannt, steigt in dir eine Empfindung von Wärme auf. Der Körper ist völlig wach. Du nimmst dies als eine Art ›Leere‹ wahr, so als würde sich der Körper nach und nach auflösen. Schwere und Dichte schwinden. Es bleibt die sehr offene und sehr stille Empfindung sich ständig ausdehnender Weite. Es gibt keine Anweisungen mehr, die es zu erinnern gilt, keine Konzentration – du bist einfach Teil dieser weiten Offenheit. Je ruhiger du wirst, desto mehr Energie spürst du. Auf diese Weise erfährst du deinen Körper als offenen Raum, und lebst in dieser Empfindung. Dehne diese Empfindungsenergie so weit du kannst aus, ohne sie zu kommentieren oder zu interpretieren. Übst du dieses Ausdehnen, so ist es der Raum selbst, der in vollkommener Ausgeglichenheit übt – wie eine Präzisionszeichnung oder ein wunderschönes Kunstwerk.

Sobald du mit diesem inneren Empfinden in Berührung kommst, vergißt du deinen Körper und deinen Atem. Du kannst tatsächlich zum Gefühl selbst werden, und dann kannst du es ausdehnen, so als würdest du gerade den Mutterleib verlassen. Dieses Gefühl kann fast grenzenlos werden. Später scheint nichts anderes mehr zu existieren – nur die Erfahrung des Fühlens. Du kannst ganz in dieser Energie sein, so daß du diesem Gefühl folgst, wo auch immer es dich hinführt – weiter und weiter, wie die Wellen eines ins Wasser geworfenen Kiesels, die immer nach außen streben, bis sie die gesamte Wasserfläche bedecken. Auf diese Weise wirst du völlig still – deine Zellen, deine Energie, dein Atem und deine Bewußtheit.

Schließlich entspanne deinen Geist. Da unsere inneren Zwiegespräche unablässig Interpretationen, Begriffe und Urteile projizieren, ist unser Geist normalerweise sehr rastlos und nervös. Beobachte diese Bewegungen des Geistes, ohne einem bestimmten Gedanken zu folgen oder eine bestimmte Handlung auszuführen. Versuche nicht, dich zu stark zu konzentrieren. Bewußtheit ist bereits vorhanden, aber sie ist nicht an einen bestimmten Ort gebunden; Bewußtheit hängt nicht an irgend ›etwas‹ – erlebe deshalb einfach die unmittelbare Empfindung – eine Art ›Empfindungsenergie‹. Wenn du nicht nach Urteilen und Gedanken greifst, kannst du Fühlen als Teil deiner geistigen Aktivität wahrnehmen, wie Schwimmen im offenen Meer; im Bewußtsein ist nichts als vollkommenes Fühlen.

Anfänglich meinst du vielleicht, du würdest dir diese Energie nur vorstellen, aber je vertrauter sie für dich wird, desto besser kannst du sie lenken. Nach einiger Zeit macht sie sich als Wärme oder Hitze bemerkbar – schließlich als ein tief empfundenes Gefühl der Liebe und Freude. Diese Energie erfrischt das Bewußtsein und verändert deine Denkmuster. Dein Denken wird zunehmend ausgewogener; Energie nimmt zu und fließt freier durch deinen gesamten Organismus.

Diese Entspannung kannst du sogar in einem Gedanken ausdehnen. Versuche bei einem Gedanken zu bleiben und erweitere ihn dann. Gehe in ihn hinein. Dehne ihn aus und erweitere ihn … ohne ihn zu beurteilen oder einzuordnen … ohne ihn als Subjekt oder Objekt zu betrachten. Die Empfindung oder die Energie bleibt bestehen, aber ohne Unterscheidung oder begriffliche Abgrenzungen. Hast du diese tiefere Empfindung einmal berührt und erlebt, kannst du sie in jeden Gedanken und jede Erfahrung einfließen lassen.

Auf diese Weise können wir lernen, Bewußtheit auszudehnen. Zuerst auf körperlicher Ebene durch Massage und körperliche Übungen, dann auf der geistigen Ebene durch Atmung und tieferes Erleben dieser Empfindungen und schließlich auf der Stufe reiner Bewußtheit durch unmittelbares Erleben. Wenn wir diese Empfindung ›schmecken‹, merken wir, daß sie unendlich geworden ist.

Deshalb sollten wir jedes positive Empfinden ausdehnen. Die Eigenschaft dieser Empfindung sollte nicht verloren gehen, denn Freude, Liebe und Schönheit sind sehr befriedigend und erfüllend. Zum Beispiel spüren wir bei dem Gedanken an sexuelle Liebe herrliche Gefühle in uns aufsteigen. Dehnen wir diese Gefühle aus und erfahren sie in ihrer ganzen Tiefe, werden sie länger anhalten. Normalerweise versuchen wir, wenn wir glücklich und fröhlich sind und angenehme Empfindungen haben, sie uns zu bewahren, indem wir den Gedanken festhalten. Doch diese größere, ausgedehnte Empfindung ist viel weiter als Denken, und in unserem Versuch, es gedanklich zu erfassen, begrenzen wir es.

Anfänglich ist körperlicher Kontakt – wie der durch Massage – wichtig, aber später wird der physische Körper fast zu einem Symbol, denn die Erfahrung des Empfindens geht immer weiter und setzt sich über den physischen Körper hinaus fort. Wenn wir uns diese Erfahrung bewahren können, wissen wir, daß es nicht nur eine Vorstellung ist – die Erfahrung geschieht tatsächlich. Es ist eine feinere Form höherer Bewußtheit, die die Qualität der Ekstase in sich birgt – es ist nicht so sehr Empfindung, nur Bewußtheit. Später können wir diese Empfindung oder Bewußtheit im physischen Körper integrieren. Um es zu wiederholen: Die Erfahrung des Empfindens ist nicht nur körperlich – sie wird zu einer allumfassenden Erfahrung. Wenn der Körper ganz ruhig und still geworden ist, eröffnen sich Möglichkeiten des Erlebens und Verstehens, die wir uns zuvor noch nicht einmal vorstellen konnten … ohne Worte, ohne Begriffe … reinem Wissen ähnlich.

Auf dieser höheren Ebene von Bewußtheit vervielfältigen sich angenehme Empfindungen von selbst wie bei einer inneren Massage – steigenden und fallenden Meereswogen ähnlich. Sind wir bei unserer Übung an diesem Punkt angelangt, können wir damit arbeiten und dieses Empfinden immer mehr ausdehnen. Dieses Gefühl der Ausdehnung ist sehr viel stärker als die körperliche Empfindung von Freude – es ist tief, weit, unendlich. Unser Körper und unser Atem mögen sich sehr klein anfühlen, aber unser Geist erlebt – ohne Worte, ohne Begriffe – viele unterschiedliche Stimmungen und Qualitäten, wunderschöne Bilder und noch tiefere Feinheiten. Die erste Freude, die aufsteigt, ist von Unschuld geprägt – wie bei einem Kind. Sie dehnt sich zu einem Glücksgefühl aus, danach entstehen allerlei körperlich und geistig wahrnehmbare Empfindungen, und schließlich wird es fast überwältigend.

Wenn wir diese schöne, ausgewogene Erfahrung entwickeln, glauben wir vielleicht, daß es einem sogenannten ›mystischen Erlebnis‹ sehr nahe kommt. Es ist schwer zu sagen, ob diese Energie ›körperlicher‹ oder ›geistiger‹ Natur ist, aber alle lebenden Organismen haben dieses charakteristische Muster gemein – diese reine Energie. Sie ist immer da, auch wenn wir normalerweise nicht wissen, wie wir zu ihr Verbindung aufnehmen können. Häufig benötigen wir dazu bestimmte Voraussetzungen: einen ruhigen Ort, leichte Kost oder psychologisches Training. Haben wir diese Erfahrung jedoch einmal geschmeckt und direkt empfunden, können wir uns die Erinnerung ins Gedächtnis zurückrufen und überall diese reine Energie oder dieses reine Wissen wiederfinden.

Körper, Atem und Geist

Um einen höheren Grad der Bewußtheit
zu entwickeln,
müssen wir Körper, Atem und Geist
zu einer Einheit verschmelzen lassen.

IM ALLGEMEINEN halten wir den Körper nur für eine physische Einheit, die aus Haut, Knochen, Muskeln und inneren Organen besteht. Diese Teile können jedoch in immer kleinere Teilchen wie Zellen, Moleküle und Atome zerlegt werden. Wenn wir die Beschaffenheit eines Atoms untersuchen, entdecken wir bestimmte Kräfte, die es zusammenhalten. Betrachten wir unseren Körper etwas genauer, werden wir ähnlich schwer erfaßbare Kräfte oder Energiemuster finden.

Im Körper hat jede Zelle und jedes Atom auf einer sehr feinen, kaum wahrnehmbaren Ebene eine Art nukleare Energie, die der Energie in dem Feld außerhalb des Körpers entspricht. Vom relativen Standpunkt aus gesehen, können wir nicht sagen, der Körper sei wie ›Raum‹, denn unsere körperliche Struktur scheint sehr fest zu sein. Letztlich jedoch sind der Raum *außerhalb* des Körpers und der Raum, den der Körper *einnimmt*, nicht zu trennen. Dieser gesamte Raum bildet eine natürliche Einheit – wie Wasser, das in Wasser fließt.

Zu bestimmten Zeiten, wenn wir sehr entspannt sind, nehmen positive Energien zu, so daß wir tatsächlich ›fühlen‹, wie der innere und äußere Raum zu einer Einheit werden. Es ist, als fielen unsere Körper von uns ab – wir verlieren das Gefühl der Dichte. Das daraus resultierende Gefühl des ›Einsseins‹ ist sehr bedeutsam, denn ist der Körper vollkommen gelöst und entspannt, so fließt die Energie unserer Zellen sanft und natürlich durch unseren gesamten Organismus, ohne Beeinflussung oder

Anstrengung unsererseits. Diese Energie zeigt sich als Ausgeglichenheit, Freude oder sogar Liebe.

Wir können uns bei der Entwicklung von Entspannung auf eine bestimmte Empfindung, wie die der körperlichen Stille konzentrieren – und dann diese Empfindung allmählich ausdehnen, nach außen und innen, über den physischen Körper hinaus. Wir können uns ausschließlich auf körperliche Ruhe, den Atem oder auf das Zum-Schweigen-Bringen unserer Gedanken konzentrieren. Und während wir dieses Gefühl der inneren Stille ausdehnen, können wir spüren, wie die Energie durch unseren Körper und über ihn hinaus zirkuliert. Diese Energie besteht aus drei Elementen, die zusammen die grundlegenden ›Muster‹ unseres Lebens formen. Unsere Einstellungen und Handlungen hängen davon ab, wie ausgewogen diese drei Elemente sind; auch unsere Gesundheit, unser Glück oder sogar die Länge unseres Lebens sind von dieser Ausgewogenheit abhängig.

Das erste dieser Elemente ist die physische Struktur, das ›Körpermuster‹, durch welches die Energie fließt. Das zweite nennen wir ›Atem‹ – damit ist jedoch nicht nur die Atmung gemeint. ›Atem‹ besitzt die Eigenschaft der spontanen Bewegungsfähigkeit; er ist eine sich bewegende, fließende Art von Energie. Das dritte ist die Energie des ›feinstofflichen Körpers‹, die schwerer erfaßbar ist als der Atem. Alle drei Elemente sind untrennbar miteinander verbunden und können ohne einander nicht wirken. Trotzdem hat jedes einzelne eigene besondere Merkmale und Eigenschaften. Zusammen bilden sie die grundlegende Struktur des physischen Körpers und verbinden sich auf vielschichtige, geheimnisvolle Weise zu dem, was wir Leben nennen. In gewissem Umfang können wir sie mit Körper, Atem und Geist gleichsetzen; aber sie umfassen viel mehr als das, was gemeinhin unter diesen Begriffen verstanden wird.

Das ›Körpermuster‹, die physische Struktur, durch welche Energie fließt, ist mehr als bloß ein ›Körper‹. Die geistige Energie unserer Einstellungen und Handlungen schafft um uns eine bestimmte ›Atmosphäre‹, die sich auf Ebenen, die über unseren Körper hinausgehen, verdichtet. – Dies nennen wir manchmal ›feinstofflicher‹ oder ›geistiger‹ Körper. Obwohl wir ihn normalerweise nicht sehen können, ist er immer ein Teil von uns. Wir können den ›feinstofflichen‹ Körper mit den höheren Regionen der Erdatmosphäre vergleichen, die eine Fortsetzung der unteren Erdatmosphäre sind, sich aber dennoch aus anderen Elementen zusammensetzen und andere Eigenschaften besitzen.

›Atem‹ umfaßt sehr viel mehr, als wir normalerweise mit dem Begriff Atmung bezeichnen. Er ist mit anderen Energieströmen verbunden, und seine Qualität ändert sich abhängig von unseren Emotionen. Wenn wir zu flach oder zu schwer atmen, wird der übrige Organismus beeinflußt. Lassen wir den Atem gleichmäßig fließen – indem wir unsere Emotionen ausgleichen – werden Körper und Geist ebenfalls ausgeglichen. Der Atem ist wie eine Brücke, die Körper und Geist verbindet.

Die Energie des ›feinstofflichen Körpers‹ kann mit dem Geist gleichgesetzt werden, aber nicht mit Geist, wie wir ihn kennen. Normalerweise setzt der Geist Erfahrungen in Gedanken und Begriffe um, und teilt sie in Subjekt und Objekt auf. Es gibt jedoch eine andere Erfahrungsweise, die diese Dualität nicht erzeugt. Wenn der Geist ausgeglichen ist, gibt es keine Zeit, kein Bewußtsein, keine Bewußtheit *von* etwas, sondern nur eine ganz besondere Energie, die immer da ist.

›Körpermuster‹, ›Atem‹ und die Energie des ›feinstofflichen Körpers‹ stehen mit den vier Körperzentren – Kopf, Kehle, Herz und Bauch – in enger Verbindung. Der ›Körper‹ steht in Beziehung mit dem Bauch, der ›Atem‹ mit der Kehle und der ›Geist‹ mit dem Kopf. Körper, Atem und Geist kommen im Herzen zusammen und werden dort integriert.

Jedes dieser Körperzentren wirkt auf vielen Ebenen. Zu Zeiten, in denen unser Herz offen und unser Geist nicht nur in intellektuelle Prozesse verwickelt ist, sinkt unsere Energie in

tieferliegende Schichten und gelangt allmählich zu der uns innewohnenden Bewußtheit – einem Zustand des Gleichgewichts, der eine der höchsten menschlichen Erfahrungen darstellt. Diese Bewußtheit wird sowohl im Herzen als auch im Geist empfunden.

Jedes Körperzentrum kann von positiver Energie erfüllt schwingen, voller Güte, Liebe und Mitgefühl. Ebenso kann sich in jedem dieser Zentren eine sehr niedergeschlagene und verwirrende Rastlosigkeit oder Dumpfheit zeigen.

Wenn die drei Elemente oder Energien durch die Körperzentren fließen, werden dabei bestimmte Zustände oder Einstellungen erzeugt – körperliche Krankheiten, geistige Blokkaden, Gefühlsverwirrungen, oder aber Empfindungen von Leichtigkeit, des Strahlens und völliger Offenheit. Die Grundmuster unserer körperlichen Funktionen bestimmen und werden davon bestimmt, wie die Energie durch diese feinstofflichen Zentren fließt. Wann immer wir krank, unausgeglichen oder in negativen Emotionen gefangen sind, zeigt sich das immer in dem *Muster*, in der *Bewegung* und in dem *Wesen* der Energie innerhalb des Körpers. Um gesund zu bleiben, müssen wir also lernen, Körper, Atem und Geist ins Gleichgewicht zu bringen.

Wir können Ausgeglichenheit und Selbstheilung in uns anregen, indem wir uns auf verschiedene Teile unseres Körpers konzentrieren. Diese Konzentrationsübungen sind einfach und dennoch sehr gezielt. Wenn wir körperlich unausgeglichen sind oder unsere physische Energie blockiert ist, wenn wir krank oder ängstlich sind, ist es hilfreich, sich auf den Bauch zu konzentrieren, auf einen Punkt unterhalb des Nabels.

Fühlen wir uns einsam, von anderen Menschen verlassen, oder wenn wir Mitgefühl oder Freude entwickeln wollen, können wir uns auf das Herzzentrum konzentrieren. Um emotionales Gleichgewicht zu entwickeln oder um Nervosität, Verlangen und Unzufriedenheit zu überwinden, müssen wir uns auf das Kehlzentrum konzentrieren. Und da die Zentren untereinander in Beziehung stehen, werden wir im Herzen um so ausgeglichener, je mehr wir uns auf die Kehle konzentrieren.

Wenn unsere geistige Bewußtheit oder unser Bewußtsein schwach oder zerstreut ist, wenn wir vor uns hin träumen, uns verloren fühlen oder in unserem dualistischen Geist gefangen sind, müssen wir uns auf den Scheitelpunkt oder auf den Punkt zwischen den Augen konzentrieren. Wollen wir Großzügigkeit oder einen klaren Geist entwickeln, hilft es, sich auf das Kopfzentrum zu konzentrieren.

Da Körper, Atem und Geist im Herzzentrum ins Gleichgewicht kommen, müssen wir besonders dort offener werden. Grundsätzlich ist es für Körper und Geist sehr einfach, miteinander im Einklang zu sein und sich gegenseitig zu stützen und zu schätzen, wenn das Herzzentrum sich öffnet.

Konzentrieren wir uns auf bestimmte Körperregionen, können wir die verschiedenen aufsteigenden Empfindungen oder Stimmungen beobachten. Wir können erkennen, welches der stärkste und welches der schwächste Bereich ist. Abhängig davon können wir entscheiden, wie wir mit unserer Energie arbeiten wollen. Ist beispielsweise eine Körperregion sehr verkrampft oder abgeschnürt, können wir unsere Energie dorthin lenken und versuchen, die Spannung zu lockern und zu lösen. Fühlt sich eine andere Region übermäßig aktiv oder sehr dumpf an, können wir je nach Bedarf Energie ableiten oder zuführen. Es gibt viele Methoden, um mit dieser Energie zu arbeiten. Dies soll nur eine Vorstellung davon vermitteln, was alles damit in Verbindung steht.

Körperliche Übungen sind manchmal sehr hilfreich, um Körper, Atem und Geist ins Gleichgewicht zu bringen und sie wiederzubeleben. Aber wenn solche Übungen rein mechanisch vollzogen werden oder wir von einer bestimmten Methode fasziniert sind, geraten unsere Offenheit und unser Wachstum durch das Einschränken unserer Möglichkeiten und unserer Sichtweise in Gefahr. Außerdem ist nicht jede Methode für jeden geeignet. Deswegen ist es wichtig, bei der Auswahl der Übungsart und Übungsdauer angemessene Führung zu haben.

Diese Übungen helfen uns, wieder ganz zu werden und einen höheren Grad an Bewußtheit zu entwickeln. Sie setzen im Körper einen Energiestrom frei, der unsere Sinne bereichert, unseren rastlosen Geist beruhigt und uns Frieden und Ausgeglichenheit schenkt.

Heilung durch positive Energie

Wenn positive oder freudige Empfindungen und Einstellungen
jedes Organ durchströmen und durch unseren gesamten Organismus kreisen,
werden unsere physischen und chemischen Energien
umgewandelt und ausgeglichen.

UNSER Körper und Geist wirken ständig aufeinander
ein: Fast alles, was im Geist erscheint, kommt durch
die Sinne herein – und fast alle unsere Empfindungen
werden, auch wenn sie körperlich erfahren werden, geistig interpretiert. Wenn dieses Zusammenspiel von Körper und Geist
nicht ausgeglichen ist und Gefühle nicht reibungslos durch den
Körper fließen, bauen sich Verspannungen auf, die wiederum
negative Emotionen entstehen lassen. Dies kann psychische
und körperliche Krankheiten verursachen.

Um Gesundheit und Ausgeglichenheit zu entwickeln und zu
erhalten, ist es wichtig, Körper und Geist als ganzheitliches
System zu behandeln. Um das zu erreichen, ist es hilfreich, ihre
Wechselbeziehung sorgfältig zu beobachten und zu lernen, wie
sie wirkt.

Der Geist steht mit den Sinnen in Beziehung. Diese sind mit
dem Körper verbunden, welcher wiederum die Verbindung zur
Welt herstellt. Eins leitet in das andere über. Jedes hat seine eigenen Muster, und zusammen wirken sie in schneller Abfolge
nach außen und aufeinander. Außerdem läuft jeder dieser Prozesse über bestimmte Kanäle ab. Wenn die Sinne dem Geist
Informationen vermitteln, beginnt der Geist, Entscheidungen
zu treffen, die Beurteilungen, Begriffe und Dualitäten mit einschließen, was dann Getrenntheit und Konflikte schafft. Ist
dieser Prozeß erst einmal in Bewegung gesetzt, kommt es automatisch zu Konflikten – Konflikten im Geist selbst, zwischen

Körper und Geist, zwischen den Sinnen und dem Geist – Konflikte, die sich zuerst innerlich auswirken, schließlich aber nach außen getragen werden.

Bestimmte Gefühle werden in einer Körperzone stärker wahrgenommen als in einer anderen und variieren in ihrer Intensität. Deshalb ist es zu Beginn wichtig, *Ort* und *Intensität* eines Gefühls genau auszumachen. Gewöhnlich jedoch sammeln sich Gefühle wie Staub und vermischen sich derart, daß wir sie nicht mehr voneinander trennen können. Gefühle können entweder positiv, negativ oder neutral sein. Manchmal entstehen sie ohne jeden ersichtlichen, vernünftigen Grund. Sie sind wie verborgene Rückstände, die sich über lange Zeiträume im physischen Körper angesammelt haben. Wir können nicht voraussagen, wann sie ausbrechen werden.

Ist unsere Bewußtheit unentwickelt, registrieren unsere Sinne die empfangenen Eindrücke oft nicht einmal – sie werden einfach weggespült wie Buchstaben, die man auf fließendes Wasser schreibt. Wir können jedoch unsere Empfänglichkeit bewußt entwickeln, wodurch auch unsere Bewußtheit geschärft wird. Zum Beispiel können wir, wenn wir geübt sind, anderen Menschen von den Augen ablesen, ob sie geistig oder körperlich ausgeglichen sind.

Wir sollten jedoch damit beginnen, sorgfältig unsere eigenen Gedanken und Gefühle zu beobachten. Betrachten wir unseren Geist, können wir einen nahezu unbegrenzten Fluß von Bildern und Begriffen erkennen. Dieser Fluß selbst ist ein Hinweis auf unseren negativen, unausgeglichenen Zustand. Denn immer, wenn wir mit Einordnen oder Interpretieren beschäftigt sind, trennt sich unser Geist von der Erfahrung und zieht uns in eine endlose Abfolge von Gedanken hinein. Sobald ein Gedanke oder ein Bild entsteht, führt es zum nächsten, das wiederum durch ein drittes interpretiert oder mit ihm assoziiert wird. Diese Kette ist sehr schwer zu unterbrechen. So ist unser Geist in ständiger Bewegung gefangen; er hat keine Möglichkeit, sich auszuruhen und seine Energie zu erneuern. Schließlich sind

Körper und Geist erschöpft und geistige Erregungszustände häufen sich.

Betrachten wir diesen Prozeß näher, erkennen wir, daß, sobald unsere Sinne ein Objekt wahrnehmen, ihre erste Tendenz darin besteht, nach dem Objekt zu greifen. Dies führt zu weiterem Verlangen und Anhaften, was uns an bestimmte Verhaltensmuster bindet. Jedesmal, wenn sich der Geist auf ein Objekt zubewegt, verlieren wir Energie. – Obwohl dies manchmal schwierig wahrzunehmen ist, denn das Ausmaß dieses Verlustes hängt von der Intensität der Situation ab. Wird der Energieverlust zu groß, verlieren wir unser Gleichgewicht, und es entstehen dann leicht negative Emotionen, die sich sowohl auf unsere Gefühle als auch auf unsere Wahrnehmungen auswirken können. Sind wir zum Beispiel traurig oder niedergeschlagen und hören schöne Musik, können wir sie oft nicht wertschätzen; werden uns wohlschmeckende Speisen angeboten, können wir sie nicht genießen.

Bisweilen schnürt der Druck unserer Sorgen und Ängste, unserer Erinnerungen und Phantasien, unsere Energien dermaßen ein, daß wir sogar unserem eigenen Körper oder Geist Schaden zufügen. Wir können so sehr den Kontakt zu uns selbst verlieren, daß unser Körper sich unseres Geistes nicht mehr bewußt ist und unser Geist nicht mehr unseres Körpers. Obwohl unsere geistigen und körperlichen Schwierigkeiten tatsächlich von einer Unausgeglichenheit in unserem Organismus verursacht werden, neigen wir dazu, äußere Einflüsse dafür verantwortlich zu machen. Wir unterdrücken unsere Symptome oder weisen sie von uns und behandeln uns somit wie Objekte oder wie unsere eigenen Feinde.

Wenn wir lernen, uns zu entspannen und eine positive Einstellung zu entwickeln, können wir diesen Zustand innerer Verhärtung durchbrechen, so daß die Energie frei ist, natürlich und harmonisch zu fließen. Im Himalaja schleppen Träger mehr als fünfzig Kilo Gepäck Tag und Nacht bergauf und bergab. Wird ihnen schließlich die Last vom Rücken genommen, werden ihre Schritte leicht und flink. Ähnlich ist es, wenn wir positive Energie entwickeln. Die daraus resultierende innere Bewußtheit befreit uns von unseren psychischen Belastungen; wir beginnen, uns leicht und freudvoll zu fühlen. Wenn wir lernen, Körper, Atem und Geist zu beruhigen und zu integrieren, belebt das unseren gesamten Organismus und macht ihn gesund.

Der Prozeß der Selbstheilung benötigt eine starke Grundlage, errichtet auf Entspannung, Freude, Liebe und Mitgefühl. Wir müssen den Körper entspannen, unsere Emotionen ins Gleichgewicht bringen und unsere Energie von negativen Gedanken lösen und positiven Gedanken zuführen. Dann können wir damit beginnen, unsere geistigen und körperlichen Zwänge zu lösen – unsere Unruhe, Verspannung, Besorgnis und Angst. Wenn wir offener werden, erfahren wir eine Art Befreiung, und Energie kann frei in uns fließen. Es gibt spezifischere Methoden, die wir zur Heilung nutzen können, wie zum Beispiel Konzentration, Mantra, Visualisation und verschiedene körperliche und geistige Übungen. Aber die Grundlage von allem ist, uns zu entspannen und unsere Energie ins Gleichgewicht zu bringen.

Befindest du dich in einem sehr emotionalen oder besonders erregten Zustand, setze dich hin und atme ruhig und sanft. Schenke deinen Emotionen keine Beachtung, sondern folge einfach deinem Atem und seinem Rhythmus. Folgst du der Wahrnehmung deines Atems, wie er durch deinen Körper fließt, kann dir das helfen, sowohl deinen Körper als auch deinen Geist zur Ruhe zu bringen und zu heilen.

Bist du körperlich oder emotional blockiert, erinnere dich an etwas Erfreuliches oder stelle dir einen wunderschönen Garten vor; stelle dir vor, was immer dir gefällt und dich glücklich macht. Dabei werden dein Geist und dein Körper ganz von selbst ruhiger und entspannter. Durch Entspannung kannst du beginnen, zwischen deinen Gefühlen und Emotionen zu unterscheiden und mit ihnen umzugehen. Beobachte, wie sie auf- und niedergehen, wie Wellen auf dem Meer. Deine Verspannungen und Verhärtungen lockern sich, und du wirst ruhig und friedvoll.

Diese zwei einfachen Entspannungsübungen können dir helfen, Körper, Geist und Sinne so zu integrieren, daß sie harmonisch zusammenwirken. Diese Integration von Körper und Geist ist wesentlich für Gesundheit und Glück.

So wie in der trockenen Jahreszeit ein Damm errichtet werden muß, damit er während der Zeit der Fluten Schutz gibt, so müssen wir unsere Bewußtheit ausreichend schulen, damit wir nicht weggeschwemmt werden, wenn unsere Emotionen anschwellen. Sind unsere Emotionen und unsere Sorgen besänftigt, können wir unnötige oder künstliche Verhaltensmuster hinter uns lassen und uns direkter auf unsere unmittelbare Erfahrung beziehen. Auf diese Weise können wir Halt bekommen. Es wird deutlich, was für unser Leben wirklich wertvoll ist. Unsere Verwirrung nimmt ab, und unsere Lebensmuster werden gesünder und zweckmäßiger. Haben wir gelernt, unseren Geist zur Ruhe zu bringen, werden sowohl geistige und körperliche Vitalität als auch Gesundheit und Ausgeglichenheit möglich.

Heutzutage hängen jedoch die meisten von uns von äußeren oder künstlichen Mitteln ab, um sich gesund und schmerzfrei zu halten. Aber wenn wir unser Gleichgewicht wiederherstellen, so daß die Energie sanft fließen kann, haben Körper und Geist die nötigen Mittel, sich selbst zu schützen. Das Heilmittel gegen Krankheit liegt in uns – denn Ausgeglichenheit ist der natürliche Zustand.

Wir selbst sind das Heilmittel zur Wiederherstellung dieses inneren Gleichgewichts, denn unser gesamter Körper ist seinem Wesen nach ein Universum. Chemisch gesehen ist unser ganzer Organismus unabhängig. – Wir können uns positiven Energien öffnen und sie durch den gesamten Körper lenken.

Alles, was wir benötigen, ist auf einzigartige Weise da – das Rezept ist da, das Heilmittel ist da. Wenn wir diese positiven Energien entwickeln, dann verfeinern und verwandeln sie unseren Körper in einen gesunden, klaren und offenen Kanal. Unabhängig davon, ob positive oder negative Erfahrungen auftreten, können wir im Gleichgewicht bleiben.

Dadurch, daß wir diese Energien entwickeln, gehen die Ebenen unserer Erfahrung über den physischen Bereich hinaus; schließlich erfahren wir sogar Geist und Materie als eins. Diese Verwirklichung ähnelt ihrem Wesen nach sehr der Unendlichkeit, denn reine Energie wird überall erfahren.

Diese Ebenen sind immer gegenwärtig und wie gute Freunde stets für uns zugänglich. Erkennen wir dies, können wir mit jeder neu entstehenden Situation konstruktiv umgehen, und unsere Neigung, uns in negativen Emotionen zu verfangen, nimmt ab. Wir beginnen, ohne Greifen, Verlangen oder Verhaftetsein zu leben – und erzeugen somit keine weiteren bindenden Muster. Die positive Energie selbst wird zum Heilmittel, und der Selbstheilungsprozeß findet ganz natürlich statt. Die körperlichen Blockaden, die viele psychosomatische Probleme verursachen, beginnen, sich aufzulösen. Wird der Körper gesund, erfrischt und von Giften gereinigt, so wird auch der Geist klar und durchscheinend.

Wir lernen, unsere Energie einzusetzen und Nutzen aus ihr zu ziehen, indem wir in unserer gegenwärtigen Erfahrung leben. Haben wir die Kontrolle über diese subtile Energie, können wir sie im physischen, emotionalen und psychischen Körper verteilen. Durch Anregung und Lenkung positiver, freudvoller Empfindungen, können wir das Wesen unserer inneren Muster und Erfahrungen verändern. Wenn positive oder freudige Gefühle und Einstellungen jedes Organ durchströmen und durch unseren gesamten Organismus kreisen, werden unsere physischen und chemischen Energien umgewandelt und ausgeglichen. Mit anderen Worten: *Wir haben die Möglichkeit, unseren Körper durch positive Energie neu zu erschaffen.*

DRITTER TEIL

MEDITATION

Meditation entfalten

Erfahren wir diese tieferen Ebenen von Meditation,
erkennen wir, daß die Natur des Geistes
Meditation ist.
Und genau das ist erleuchtete Erfahrung.

FAST ALLE spirituellen Schulen praktizieren irgendeine Art von Meditation. Gewöhnlich wird Meditation als Form des Denkens angesehen, die man in Verbindung mit Worten, Vorstellungen und Begriffen ausübt. Meditation heißt jedoch nicht, *über* etwas nachzudenken. Meditative Erfahrung kann subjektiv erscheinen – als *mein* Bewußtsein, *meine* Bewußtheit. Erforschen wir den meditativen Vorgang näher, stellen wir jedoch fest, daß Bewußtheit weder subjektiv noch objektiv ist; sie kann auch nicht begrifflich analisiert werden. Bewußtheit ist eine natürliche Offenheit, die entsteht, wenn der Geist sich selbst überlassen ist – ohne Unterbrechungen, Ablenkungen oder Erwartungen.

Meditative Bewußtheit ist wie ein vollkommen offener Raum. Aber es ist kein Raum im gewöhnlichen Sinne, denn Bewußtheit ist weder ein Ort, noch hat sie eine bestimmte Form oder Gestalt. Dieser Raum ist weder außerhalb unseres Körpers noch innerhalb unseres Geistes. Er ist weder geistig noch körperlich, und doch ist es eine tiefe, allumfassende Stille, Offenheit und Ausgeglichenheit – eben die Erfahrung der Meditation.

Traditionell gehören zur anfänglichen Meditationspraxis bestimmte Übungen: intensive Konzentration, Visualisierung verschiedener Bilder oder das Rezitieren von Mantren. Lehrer legen je nach den Bedürfnissen ihrer Schülerinnen und Schüler das Schwergewicht auf die unterschiedlichsten Übungen. Zum

Beispiel kann ein und derselbe Lehrer einem seiner Schüler raten, allein zu einem verlassenen Platz zu gehen und dort eine halbe bis dreiviertel Stunde schweigend zu sitzen, und er kann einen anderen anweisen, in die Berge oder ans Meer zu gehen und dort ein Mantra laut zu rezitieren. Ein dritter wird vielleicht dazu angehalten, in den blauen Himmel zu blicken und einfach offen zu sein, oder es werden Übungen zur Hingabe und rituelle Praktiken gegeben.

Grundsätzlich gilt, daß wir das üben sollen, was uns ruhig werden läßt und entspannt – das, was die Entwicklung von Stille und Konzentration am besten fördert. Meditation hilft uns, ruhig und glücklich zu sein, uns des Lebens zu erfreuen, heiter zu sein und wirksam unsere körperlichen und geistigen Probleme anzugehen. Unser Leben wird ausgeglichen, wenn wir in der Lage sind, alle unsere Erfahrungen durch die Meditation zu einem Ganzen zusammenzufassen. Unsere Freude und unser Glück – ebenso wie Ärger, Groll, Enttäuschung und Traurigkeit, also alle Emotionen, die während des Tages auf uns zukommen – können wir in unsere Meditation einfließen lassen. Alle Emotionen können wir in die Entspannung und Stille der Meditation umwandeln.

Zuerst scheint Meditation recht einfach zu sein – still, ruhig und entspannt. Vielleicht folgen wir bestimmten Anweisungen. Nach und nach jedoch, wenn unsere Meditation feiner wird, bemerken wir, daß Meditation sehr viel mehr beinhaltet, als sich nur zu entspannen und sich mit Gedanken und Emotionen zu befassen. Tatsächlich ist Meditation das Suchen nach Wahrheit und Einsicht, der Versuch, das Wesen des Daseins und des menschlichen Geistes zu entdecken. Um dieses Wissen zu finden, müssen wir in sehr tiefe Meditation gehen und klären, wer wir eigentlich sind.

Wie meditieren wir also? Zuallererst muß der Körper sehr ruhig, sehr still sein. Entspanne deine Muskeln und lasse sämtliche Verspannung aus dem Körper weichen. Setze dich bequem hin und bleibe ganz ruhig, ohne dich zu bewegen. Atme sehr weich, sehr sanft – atme langsam und gleichmäßig ein und aus. Entspanne dich so weit du kannst, damit sich das gesamte Nervensystem beruhigt. Laß deinen Geist zur Ruhe kommen. Beruhige deine Gedanken durch inneres Schweigen. Dies kann durch verschiedene Methoden erreicht werden, aber da zu viele Anweisungen leicht ablenken, solltest du einfach ganz natürlich Körper, Atem und Geist entspannen. Der Körper wird ruhig, der Atem gleichmäßig und der Geist und die Sinne sehr friedvoll. Dabei kannst du intensiv das Erwachen deiner Sinne fühlen und genießen. Du erkennst, daß Meditation kein schwieriges Unterfangen und auch nichts Fremdes oder Exotisches ist. Sie ist ein Teil deines Wesens.

Es besteht keine Notwendigkeit, ein bestimmtes Ziel erreichen zu wollen, denn der Versuch selbst wird zu einem Hindernis für die Entspannung. Treibst du dich zu hart an oder versuchst du, einem starren Rahmen von Anweisungen zu folgen, kann dies Probleme verursachen – denn bei übertriebener Anstrengung kannst du dich in der Vorstellung verfangen, etwas zu bekommen oder nicht zu bekommen. Du erläuterst dir dauernd die eigene Lage, obwohl du eigentlich still sein wolltest. Wenn du versuchst, die ›perfekte Meditation‹ anhand vorgefaßter Begriffe zu erfahren, endest du wahrscheinlich damit, zahllose innere Konflikte und ununterbrochene innere Selbstgespräche auszulösen.

Da am Anfang Begriffe zur Einführung in die Meditation erforderlich sind, ist der Meditierende von vornherein von seiner Erfahrung getrennt. Läßt du dich jedoch wirklich auf das Üben von Meditation ein, wirst du entdecken, daß Meditation weit über Verbegrifflichung hinausgeht. Entspanne und beruhige weiterhin deinen Geist, und eines Tages wird zum Meditieren überhaupt keine Anstrengung mehr notwendig sein.

Fängst du gerade damit an, meditieren zu lernen, ist es am besten, dich dabei ganz zu erleben, ohne irgendeinen Teil von dir zurückzuweisen oder auszuschließen. Alle deine Gedanken

und Empfindungen können Teil deiner Meditation sein – du kannst alle nacheinander schmecken und dann allmählich weitergehen. Auf diese Weise lernst du feine, unterschiedliche Schichten und Zustände des Geistes kennen. Der Geist beobachtet einfach seine eigene natürliche Entfaltung. Jeder Gedanke, jedes Verlangen und jeder Antrieb wird von sich aus eine Hilfe bei dieser grundlegenden Meditation. Auf der relativen Ebene gibt es noch Unterscheidungen zwischen gut und schlecht, aber wenn du einen meditativen Zustand erfährst, siehst du relative Unterscheidungen nicht mehr als zuverlässige Aussage über eine Erfahrung an. Meditation geht über Dualismus hinaus. Was auch immer du erlebst, es kann als vollkommen angesehen werden, denn Vollkommenheit liegt im eigenen Geist und nicht irgendwo außerhalb.

Entstehen Erinnerungen oder Unbehagen, wirst du vielleicht ein wenig unruhig, aber dieses Gefühl vergeht wieder, wenn du dich an keinen Gedanken besonders klammerst. Bleibe einfach locker und ruhig und denke nicht ›über‹ deine Meditation nach. Nimm dich einfach so an, wie du bist. Du versuchst nicht, Meditation zu *lernen*, du selbst *bist* Meditation. Dein ganzer Körper, Atem, Gedanken, Sinne, Bewußtheit –

dein gesamtes Sein – alles ist Teil deiner Meditation. Du brauchst nicht zu befürchten, du könntest deine Meditation verlieren. Dein gesamtes Energiefeld ist Teil der Meditation. Daher brauchst du nicht speziellen Anweisungen zu folgen oder um das Erlangen einer besonderen Erfahrung zu bangen.

Ein berühmter tibetischer Lama sagte einmal über Meditation: ›Das beste Wasser ist Gebirgswasser.‹ Wenn das Wasser über Felsen und Kiesel fließt, verbessert sich seine Qualität und es wird gereinigt. Die beste Meditation ist also frei und fließend – mit nichts, an das wir uns klammern können – denn sobald wir eine Position einnehmen, werden wir durch unser Greifen zum Stillstand gebracht.

Wieviel herrlicher ist die Freiheit, zu höheren meditativen Zuständen gleiten zu können. Als ein anderer Meister gefragt wurde: ›Wenn du dich konzentrierst, wo ist deine Konzentration?‹, antwortete er, es gäbe dabei kein Subjekt, keinen Standort und kein Ziel.

Erfahren wir diese tiefere Ebene von Meditation, erkennen wir, daß die Natur des Geistes Meditation *ist*. Und genau das ist erleuchtete Erfahrung. Diese Erfahrung ist frei von allem, und gleichzeitig bringt sie alles und jedes zur Erscheinung. Darin liegt die Befreiung.

Gedanken beobachten

Im unmittelbaren, direkten und
gegenwärtigen Moment der Erfahrung
gibt es nichts zu sagen, zu denken oder zu benennen.

EINIGE Meditationen gehen analytisch vor, während andere direkt auf unmittelbare Erfahrung ausgerichtet sind. Jede Art eröffnet uns verschiedene Bereiche der Bewußtheit. Analytische Meditation ist besonders nützlich, um Konzentration und Bewußtheit zu entwickeln. Jedoch können uns analytisches Verständnis und geistige Vorbereitung nur bis zu einem gewissen Punkt bringen, denn auf einer tiefer liegenden Ebene endet die Idee als solche. Ideen können nicht ohne Worte und Begriffe auskommen, die selbst Teile des rationalen Denkens sind. Da, wo die ›Idee‹ endet, bleibt nichts außer einer Art unmittelbarer Gewißheit, die sich auf durch Erfahrung gewonnene Erkenntnis gründet. Indem wir den intellektuellen und rationalen Geist loslassen, kommen wir mit einer tieferen, feineren Energie in Berührung, die direkt erfahrbar ist.

Es gibt Meditierende, die sofort über Gedanken und Emotionen hinausgehen und meditative Bewußtheit unmittelbar erleben können. Aber für andere ist es hilfreich, zuerst zu untersuchen, was damit alles verbunden ist: Wie ist die Beziehung zwischen dem Meditierenden und der Meditation? Wie kommt diese Beziehung zustande? Wer ist der Beobachter? Wer deutet die Erfahrung? Je schärfer diese Analyse ist, und je tiefer wir forschen, desto schneller werden wir für die meditative Erfahrung offen. Jede gestellte Frage erweitert unsere Sicht und vermindert Zweifel, Fragen und Schwierigkeiten. Wenn sich die Analyse dann erschöpft hat, wird die Meditation ganz von selbst spontan, unmittelbar, direkt.

Eine sehr gute einführende Übung in die analytische Meditation ist, alle Gedanken, die während einer Stunde entstehen, zu zählen. Schreibe sie dir auf und ordne sie nach positiven, negativen und neutralen. Beobachte einfach, wieviele Gedanken dir während einer Stunde durch den Kopf gehen. Führe diese Übung täglich mindestens eine Woche lang durch. Dann greife einen bestimmten Gedanken heraus, und während du ihn so lange wie möglich festhältst, denke über ihn nach. Das kann jeder beliebige Gedanke sein, ganz gleich, ob er positiv oder negativ ist. Halte ihn solange du kannst; lasse ihn nicht los. Mit anderen Worten: Es sollte kein zweiter Gedanke da sein. – Konzentriere dich nur auf diesen einen Gedanken. Versuche nicht, über ihn zu urteilen, ihn einzuordnen oder zu erfassen, sondern lasse ihn einfach sein. Ist dieser Gedanke zu Ende und ein anderer erscheint, versuche wieder dasselbe zu tun – wieder und wieder. Versuche festzustellen, wie lange du einen Gedanken halten kannst. Führe diese Übung vier- bis fünfmal am Tag durch.

Danach prüfe deine Beziehung zum inneren Beobachter, zu demjenigen, der deinen Gedanken, Vorstellungen und Gefühlen zuschaut oder sie erkennt. Wer beobachtet? Du sagst vielleicht, es sei deine ›Bewußtheit‹ oder deine ›Intuition‹, dein ›Bewußtsein‹ oder dein ›subjektiver Geist‹ oder die Person, die du mit ›mein‹ oder ›Ich‹ oder ›Ego‹ oder ›Selbst‹ bezeichnest. Aber wie steht dieses ›Ich‹ zu deinen Gedanken in Beziehung, und wie wirken sie zusammen? Was sind die Unterschiede und Konflikte zwischen diesem ›Ich‹ und diesem ›Geist‹?

Anstatt diese Dinge analytisch zu prüfen, versuche es jetzt auf dem Wege der Erfahrung. Je mehr du deine eigene Erfahrung beobachtest, desto unmittelbarer sind die Antworten auf diese Fragen. Aber wenn du den Gedanken nicht sorgfältig beobachtest, bemerkst du vielleicht, wie du die Erfahrung benennst und bewertest. Wenn das geschieht, kommst du nicht mit den tieferen und feineren Ebenen deiner Erfahrung in Berührung. Die Antworten bleiben dann eher oberflächlich.

›Ich‹ bin das ›Subjekt‹. Das heißt: ›Ich‹ erfasse und erlebe Bilder, Gefühle, Vorstellungen und Erinnerungen. Wie sind dieses ›Ich‹ und jene ›Erfahrung‹ miteinander verbunden? Wenn sie dasselbe sind, auf welche Weise sieht und erlebt sie dann das ›Ich‹? Wenn sie unterschiedlich sind, was sind dann die Unterschiede? Wenn das ›Ich‹ eine bestimmte ›Erfahrung‹ hat, wird sie direkt interpretiert – ohne Worte und Bilder – oder wird sie benannt und bewertet?

Im unmittelbaren Moment der Erfahrung gibt es nichts zu sagen, zu denken oder zu benennen. Da gibt es nichts Greifbares, was in Worte oder Begriffe gefaßt werden kann. – Ja, es gibt nicht einmal eine Erfahrung! Du entdeckst vielleicht, daß sich die Erfahrung selbst auflöst und mit ihr alle deine Probleme – und dies wird zu Meditation. Mit anderen Worten: Nachdem sich alle inneren Worte, Gedanken und Beziehungen aufgelöst haben, bleibst du solange du willst innerhalb deiner Erfahrung – ohne den Erfahrenden.

Lege dir keine besonderen Vorstellungen darüber zurecht, wie diese ›Erfahrung‹ sein sollte. Du solltest nicht einmal denken, daß du meditierst oder etwas erfährst. Erlaube der Erfahrung, einfach zu sein, ohne dich darum zu sorgen, was geschieht oder wie es geschieht. Es besteht keine Notwendigkeit, dir dein Erleben zu schildern, da es kein ›Selbst‹ mehr gibt. Wenn irgendein Wort, ein Bild oder ein Begriff entsteht und du dann denkst, ›Das ist gut‹ oder ›Jetzt weiß ich‹ oder ›Jetzt verstehe ich richtig‹, so mußt du wiederum diesen Gedanken untersuchen, bis du nichts mehr zu sagen, zu deuten oder zu erklären hast.

Selbst Menschen, die gut meditieren können, haben vielleicht viele Jahre praktiziert, bevor sie ihren Geist aus der ununterbrochenen Abfolge von Gedanken befreien konnten. So können wir sehr viel wertvolle Zeit sparen, wenn wir genaue Anweisungen erhalten und richtig meditieren lernen. Zum Beispiel können wir ohne einschlägige Kenntnis der atomaren Kraft Hunderte von Jahren versuchen, eine Explosion herbeizuführen. Verfügen wir jedoch über präzises Wissen von atomarer Energie, können wir wahrscheinlich ohne Schwierigkeiten eine nukleare Reaktion freisetzen.

Die geheime ›Formel‹ oder der geheime ›Weg‹, der zu höherer Meditation führt, besteht darin, sich nicht mit irgend etwas zu identifizieren, keinen Standpunkt einzunehmen und sich in der Meditation an nichts zu klammern. Wenn wir wissen, wie wir direkt in die Meditation eintreten können, sind wir schnell dazu in der Lage, über das gewöhnliche diskursive Denken hinauszugehen, und unter guter Führung können wir das schlechte Karma vieler vergangener Leben in kurzer Zeit umwandeln. Dieses ›geheime‹ Wissen der Meditation wird zu einer sich selbst speisenden Quelle der Inspiration. Wir werden einfach *zentrumslos*, ohne Subjekt, ohne Objekt und ohne etwas dazwischen – ohne etwas, was uns umwirft oder abheben läßt.

Meditation geht über Zeit, die Sinne und Subjekt-Objekt-Beziehungen hinaus. Indem sie über diese drei hinausgeht, führt uns Meditation jenseits der intellektuellen oder rationalen Ebene des Bewußtseins. Es ist, als ob man durch eine Trennwand sehen könnte: Auf der einen Seite des Bewußtseins ist alle Existenz – Gedanken, Emotionen, Negativität und unsere Lebensmuster; auf der anderen Seite ist eine sehr feine Ebene von Energie – ein Zustand tiefer Meditation.

Angst umwandeln

Nützen wir die durchdringende Eigenschaft
unmittelbarer Bewußtheit,
werden wir gegenüber unseren Emotionen empfindsam,
bevor sie tatsächlich in Erscheinung treten.
So durchbrechen wir unsere gewohnten Verhaltensmuster
und unsere Bindungen an sie.

BEWUSSTHEIT ist uns immer zugänglich. Sie liegt in uns selbst, in unserer Energie. Aber wenn wir zerstreut oder emotional verstrickt sind, haben wir wahrscheinlich nicht die geringste Ahnung davon, was wirklich in uns geschieht. Alles scheint sehr traumähnlich. Wir ertappen uns dabei, wie wir von einem Gespräch oder einer Beschäftigung zur nächsten gehen, launisch und besorgt oder vielleicht mit einem falschen Verständnis von Spontaneität und Freiheit. Zu anderen Zeiten grübeln wir ununterbrochen über Vergangenheit oder Zukunft nach oder kämpfen gegen anstehende ›Probleme‹ – Unfähigkeit, Unschlüssigkeit, Selbsttäuschung, Ängste, Vorlieben und Schuldgefühle. Unsere Energie ist in vielerlei Gefühlsverwirrungen gebunden, so daß wir uns verwirrt, erschöpft, verspannt und ängstlich fühlen. Wenn wir in unserer Meditation mit diesen Emotionen arbeiten, können wir lernen, uns von ihrem Einfluß zu befreien.

Emotionen haben zwar weder Augen noch einen Mund oder Magen, aber sie können trotzdem unsere Energien aufsaugen, uns hypnotisieren und unseren natürlichen Zustand der Ausgeglichenheit zerstören. Emotionen haben die Macht, uns in ein künstliches Reich der Sinnesreize zu locken, das über unsere positiven Energien die Kontrolle gewinnen kann. Die Menschen scheinen Emotionen zu *brauchen* wie Salz in der

Suppe. Aber Emotionen sind gefährlich und unverläßlich, denn was als Vergnügen anfängt, endet oft in Schmerz. Und wenn wir inmitten einer emotionsgeladenen Situation stehen, können wir durch deren Dynamik geblendet werden, so daß unsere Wahrnehmung und unsere Perspektive eingeschränkt sind. Die schwierigsten Emotionen, mit denen wir zu tun haben, sind unsere Ängste. Oberflächlich erscheinen sie uns vielleicht nicht als ein großes Problem, aber was unser menschliches Bewußtsein anbelangt, können Ängste unsere meditative Offenheit soweit stören, daß wir vollkommen unser inneres Gleichgewicht verlieren. Aus Mangel an Bewußtheit lassen wir uns gute Gelegenheiten entgehen. Ängste treiben uns an und spalten uns, schaffen Isolation, Verwirrung und Unzufriedenheit. Sind wir uns dieser Ängste nicht bewußt, wird es zunehmend schwierig, sie unter Kontrolle zu halten.

Unsere Bedürfnisse können sehr fordernd sein. Wir spüren ständig Verlangen nach dem, was *mich* befriedigen kann – mein Ego, meinen Geist, meine Gefühle und meine Sinne. Da wir kein Selbstvertrauen besitzen, verspüren wir das Bedürfnis nach Unterstützung oder Anreiz durch Freunde, intellektuelle Erkenntnisse oder materielle Dinge. Wenn wir diese Kontakte nach außen nicht haben, fühlen wir uns manchmal dermaßen allein und ohne Unterstützung, daß die Angst alle Kräfte aus unserem Körper zieht. Ist unsere Energie schließlich verzehrt, fühlen wir uns leer, niedergeschlagen und sogar verzweifelt.

Es scheint, daß der einzige uns bekannte Weg, nach Befriedigung oder Erfüllung zu suchen, aus endlosem Verlangen besteht. Obwohl es uns manchmal gelingt, unsere Bedürfnisse vorübergehend zu befriedigen, hält die Befriedigung gewöhnlich nur kurze Zeit an. Dann bleibt Enttäuschung zurück, was zu noch mehr Ängsten führt. Fast alle Menschen werden durch solche Ängste angetrieben. Verlangen und Festhalten sind wie eine Kerze, und Angst ist die Flamme. Ein Wort für diese fortwährende Frustration ist *Samsara*. Es bedeutet: Wir sind unbefriedigt und unglücklich, weil wir selten das bekommen, was wir wollen. Wir sind dauernd auf der Suche – bewegen uns auf etwas zu, das außerhalb von uns liegt. Wenn wir kein Vertrauen zu uns haben, verläuft unser Leben oft Tag für Tag ohne viel Sinn und Wert. Schließlich erkennen wir, daß wir es uns nicht leisten können, das gesamte Leben im Auf und Ab von Freude und Leid zu verbringen, und daß wahre Erfüllung entsteht, wenn wir unser Greifen aufgeben und Zufriedenheit in uns selbst finden.

Unabhängig davon, wie unser Leben oberflächlich betrachtet erscheint, sind Schwierigkeiten in tieferen, subtileren Schichten des Bewußtseins immer vorhanden. Es gibt verschiedene Methoden, mit deren Hilfe wir sie uns bewußt machen können. Sobald wir jedoch meinen, ein Problem gelöst zu haben, folgen weitere Enttäuschungen oder Unzufriedenheit nach. Es ist, als würden wir am Strand ein Loch in den Sand graben – schöpfen wir ein wenig Wasser ab, sickert mehr Wasser nach. Auf diese Weise bleiben wir in einer endlosen Abfolge von Problemen, kurzfristigen Lösungen und weiteren Problemen gefangen. Einige oberflächliche Spannungen können wir durch emotionale Ausbrüche lindern; möglicherweise fühlen wir uns danach sogar etwas erleichtert oder entspannter. Aber das ist, als würden wir ein Gewicht von einer Seite zur anderen verschieben. Das Problem bleibt immer noch bestehen, auch wenn wir uns gerne vormachen, dadurch etwas verbessert zu haben. Da die tieferliegenden Ursachen nicht beseitigt wurden, zeigen sich immer wieder dieselben Probleme und Verhaltensmuster.

Vielleicht entscheiden wir uns sogar dazu, diesen negativen Kräften den Kampf anzusagen. Aber häufig erhält Kämpfen die negativen Energien am Leben und entfremdet uns weiter von uns selbst. Es scheint, als würde unsere Negativität um so stärker, je mehr wir sie bekämpfen.

Wir müssen also irgendwie einen positiven Ansatz finden, um mit unseren Problemen umzugehen. Aber zuerst müssen wir verstehen, daß unser Bewußtsein nur eine Ansammlung von Gewohnheitsmustern ist. Wie hartnäckig und festgefahren sie auch erscheinen mögen, sie sind weder fest, noch haben sie Substanz – wir können sie ändern und neu ordnen. Negative Reaktionen setzen Kräfte frei, die ein Muster schaffen. Aber dieses Muster kann durchbrochen werden. Verstehen wir, wie Gewohnheitsmuster in unserem Geist wirken, und ist der Prozeß erwachender Bewußtheit in Gang gesetzt, durchdringt und transformiert Bewußtheit unsere Probleme und Hindernisse.

Wenn wir achtsam sind, anstatt uns in Konflikten zu verlieren und uns in Elend, Selbstverdammung oder rührseliger Melancholie zu ergehen, können wir schnell und leicht durch unsere Schwierigkeiten hindurchsehen und negative Energie in positive umwandeln. Dazu gehört einige Übung. Nutzen wir jedoch die uns innewohnende Bewußtheit, um sehen zu lernen und zerstörerische Situationen schnell zu verändern, klären sich unsere Probleme. Frieden und Licht beginnen dann, in uns zu wachsen.

Wenn Schwierigkeiten bei der Meditation oder im täglichen Leben auftauchen, wenn wir übermäßig gefühlsgeladen sind oder in einem leidbringenden Verhaltensmuster gefangen sind, ist der richtige Zeitpunkt gekommen, um Offenheit und Ausgeglichenheit zu üben und Achtsamkeit zu erwecken. Sind wir zum Beispiel besonders traurig oder verärgert, kann die Emotion, wenn wir uns auf die richtige Weise auf sie konzentrieren, sie intensiv von oben und unten betrachten und sie schließlich direkt anblicken, tatsächlich verschwinden – weil wir erkennen, daß sie wirklich ›nichts‹ ist. Mit Übung können wir eine bedrückende oder frustrierende Situation schnell ausgleichen, indem wir unseren Geist vor und zurück schalten – auf glücklich, dann unglücklich und wieder glücklich. Dabei beobachten wir die ganze Zeit, was in uns vorgeht. Zuerst sind wir positiv und gleich darauf negativ. Wir können den Geist zuerst auf Niedergeschlagenheit schalten und auch wirklich weinen, dann jedoch sofort auf Lachen umstellen. Was sind diese Emotionen denn in Wirklichkeit? Warum sollte ich mich von diesen flüchtigen geistigen Zuständen kontrollieren lassen?

Diese Übung kann fast schizophren erscheinen, aber wenn wir mit ihr arbeiten, werden wir entdecken, daß sich in unserem Bewußtsein ein bedeutsamer Wandel vollzieht und wir die Welt und uns selbst neu sehen. Traurigkeit ist nicht so ernst und im Glück ist nicht nur Leichtigkeit.

Das Leben bewegt und verändert sich viel schneller als noch vor einigen Jahren. Viele aufregende und faszinierende Dinge ereignen sich jeden Tag. Alles ist ein wunderschöner Tanz, und jede Situation, jede Tätigkeit und jeder Gedanke hat seinen Platz in unserer Übung. Jede Erfahrung kann uns lehren, wie lächerlich es ist, alles so dramatisch und ernst zu nehmen, und daß wir sogar über unsere Schwierigkeiten hinausgehen können, denn nichts ist von Dauer.

Aber gleichzeitig ist es nicht leicht, diese Erkenntnis in die Praxis umzusetzen. Wir sind dermaßen an unsere negativen Muster gebunden, daß wir sie möglicherweise sogar noch verstärken, ohne es zu bemerken. Wenn wir unbewußt sind, traurig, niedergeschlagen oder unglücklich, geht es uns wie Bienen, die in einem Marmeladenglas gefangen sind: Sie summen rastlos hin und her und finden keinen Ausweg. Trotzdem sind wir nicht vollkommen gefangen. Unsere emotionalen Probleme und negativen Einstellungen sind in gewisser Hinsicht Bestandteil unseres Lernprozesses.

Mit Hilfe von Bewußtheit können wir ein Feingefühl für unsere Emotionen entwickeln, während sie entstehen. So durchbrechen wir unsere emotionalen Muster und unsere Bindungen an sie. Je mehr unsere Bewußtheit zunimmt, desto mehr Zeit haben wir für positive Handlungen. Für jemanden, der bewußt lebt, sind drei Wochen dasselbe wie drei Monate für jemanden, der nicht bewußt lebt. Wenn wir daran denken, unseren Körper und unseren Geist mit unserer Bewußtheit in Einklang zu halten, werden wir mit jedem Wechsel unserer Gedanken und Stimmungen vertraut – und wir können uns daran erinnern, unsere Bewußtheit sofort in jede Situation hineinzutragen, die unser Gleichgewicht stören könnte. Diese Übung gleicht dem Schwimmenlernen. Haben wir erst einmal die ersten Züge geschafft, können wir mit mehr Übung allmählich Schwimmen lernen – nicht nur für fünf oder zehn Minuten, sondern solange wir wollen. Gleichermaßen können wir ununterbrochene Meditation entwickeln, wenn wir uns bei jeder Tätigkeit eine offene Einstellung bewahren.

Da unsere Ängste, bewußt oder unbewußt, viele Probleme verursachen, ist es wichtig, sie sofort bei ihrer Entstehung anzugehen. Das beste Heilmittel gegen Angst ist Meditation. Wenn wir lernen, Emotionen mit Hilfe von Meditation zu kontrollieren, belasten uns unsere Probleme immer weniger. Unser Körper und Geist werden sehr ruhig, und die Angst löst sich in tiefe Entspannung und Stille auf. Dann können wir anfangen, mit unseren Problemen direkt zu arbeiten, denn wir haben nicht mehr das Bedürfnis, vor ihnen wegzulaufen. Unsere Verspannungen und Blockaden lösen sich von selbst. So sind wir nicht länger im Kreislauf von Verlangen und Angst gefangen und können es genießen, in unserem Körper und unserem Geist zu leben. Das ist die erste Stufe der Meditation.

Inneres Vertrauen gewinnen

Gehen wir einmal durch einen
wirklichen Selbstfindungsprozeß,
kann uns niemand mehr unser Selbstvertrauen nehmen.
Die Inspiration kommt von Innen,
und wir wissen, ohne daß es uns gesagt werden müßte.

SPIRITUELLES Vertrauen ist schwerer zu gewinnen als weltliches Vertrauen. Wir können leicht lernen, ein Auto zu fahren, mit einem Rasenmäher umzugehen oder über die unterschiedlichsten Themen zu referieren. Aber wie lernen wir, inneres Vertrauen zu gewinnen? Dafür gibt es keine genau vorgegebenen Schritte. Wenn wir jedoch aus den Einsichten, der Stärke und dem Vertrauen, die uns durch unsere Meditation zugeflossen sind, Nutzen ziehen, entdecken wir von selbst die Wahrheit, die schon immer in uns war. Vertrauen wir immer mehr der eigenen Erfahrung, erkennen wir, daß fromme oder sentimentale Glaubensvorstellungen nicht so wichtig sind. Wir lernen, an uns selbst zu glauben und uns selbst zu vertrauen.

Betrachten wir unsere gewöhnlichen Erfahrungen mit einer offenen Einstellung, frei von Werturteilen und trennenden Konzepten, sehen wir ›Subjekt‹ und ›Objekt‹ von selbst als Einheit. Auf diese Weise wird der spirituelle Weg Bestandteil unseres Lebens und bleibt nicht ein abstraktes Ideal für besondere Anlässe. Wenn meditative Erfahrung wahrhaft ein Teil unserer selbst ist, finden spirituelle Qualitäten in unserem Alltagsleben einen natürlichen Ausdruck, und wir können sicher sein, daß meditative Bewußtheit uns durch alle Situationen, denen wir ausgesetzt sind, tragen wird.

Wenn diese Inspiration und dieses Selbstvertrauen zu unserem Lehrer wird und wir mit dieser inneren Führung in Verbindung treten, können wir uns immer auf unsere eigene Erfahrung und Erkenntnis verlassen, anstatt auf das, was außerhalb von uns liegt. Das tägliche Leben liefert die Inhalte unseres Lernprozesses. *Dort* finden wir das Rohmaterial – unser Fleisch und Blut, unseren Atem und unsere Umwelt. Lernen wir, uns ohne Selbstsucht und egoistisches Greifen anzunehmen und zu schätzen, anstatt uns mit Negativität und Selbstverdammnis zu quälen, fangen wir an, positive Werte zu entwickeln – Stärke, Vertrauen und das Gefühl innerer Gelöstheit.

Aber obwohl das Potential zur Erleuchtung immer in uns vorhanden ist, wird sie von den wenigsten tatsächlich erlebt. Wir sind in unserem dualistischen Geist gefangen. Kulturen und Religionen neigen dazu, dualistische Anschauungen bezüglich des Daseins zu lehren. Die meisten Menschen haben Schwierigkeiten, sich von diesen starren Vorstellungen zu befreien. Wegen unserer grundlegenden Tendenz, unsere Erfahrung in Gegensätze aufzuspalten, vergessen wir in schwierigen Situationen, unsere Bewußtheit anzuwenden. Wir ›hängen‹ an einem Problem und lassen zu, daß es unseren Geist beherrscht, oder wir meinen, die Situation bewerten zu müssen. So verschwenden wir Zeit und Energie. Vertieft sich jedoch unsere meditative Erfahrung, fühlen wir immer weniger das Bedürfnis, zu unterscheiden und zu urteilen. Wir beginnen, über unsere dualistischen Neigungen hinauszugehen, indem wir Beständigkeit und Ausgeglichenheit entwickeln, und indem wir erkennen, daß spirituelle Wahrheit in uns selbst und in unserem täglichen Leben zu finden ist.

Vielleicht haben wir die verschwommene Vorstellung, es gäbe irgendwo einen Ort letztlichen Verstehens. – Doch der Himmel ist nicht notwendigerweise irgendwo anders. Er liegt in der Natur unseres Geistes, und diese erschließen wir uns durch Meditation. Wir nehmen einfach jede Situation so an, wie sie auf uns zukommt, und folgen unserer inneren Führung – unserer Intuition, unserem eigenen Herzen.

Um Achtsamkeit zu erwecken und unsere Bewußtheit zu steigern, ist es nützlich, unser Selbstbild und unsere Persönlichkeit anhand der Fragen ›Wer bin ich?‹ und ›Was tue ich?‹ zu erforschen. Das kann uns helfen, ›in‹ der Meditation zu bleiben und unsere Aufmerksamkeit in den spezifischen Situationen, in denen wir uns gerade befinden, zu schärfen. Es kann uns aus nebulösen Selbstgesprächen und Bilderwelten herausführen, was uns hilft, unser Leben erfüllter und sinnvoller zu gestalten.

Um sicher zu sein, daß unsere Meditation oder Bewußtheit auf einem tragfähigen Fundament steht, müssen wir sie von Zeit zu Zeit prüfen. Meditieren wir in einer sehr ruhigen Umgebung, kann es den Anschein haben, unser Geist sei sehr positiv, ruhig und friedvoll. – Aber wenn wir in die Welt gehen, in unser Familienleben oder zur Arbeit, oder schwierigen oder bedrohlichen Situationen ausgesetzt sind, müssen wir vielleicht feststellen, daß negative Emotionen uns immer noch überwältigen können. Aber anstatt solchen Situationen aus dem Wege zu gehen oder zu versuchen, sich vor ihnen zu verstecken, können wir lernen, sie zu begrüßen und zu nutzen, denn sie helfen uns, die Einsicht und die Kraft unserer Meditation zu prüfen und zu stärken.

Es ist sogar möglich, Gipfelerfahrungen in Augenblicken der Angst, des Zorns oder des Grolls zu haben, denn die grundlegende Energie ist bereits vorhanden, bereit zur Transformation. Da das Potential zur Verwirklichung unserem Geist innewohnt, ist es auch in den Emotionen selbst enthalten. Dieses Potential steckt in jedem Augenblick unseres Lebens, und durch Meditation können wir lernen, es zu entfalten.

Eine hilfreiche Übung ist, gleichermaßen über unsere angenehmen und unangenehmen Gefühle zu meditieren – sich nicht an guten Empfindungen festzuhalten und die schmerzlichen zu vermeiden. Auf diese Weise können wir die positiven Eigenschaften entdecken und nutzen, die selbst in den Negativitäten unseres Geistes vorhanden sind. Wir spüren dann nicht länger das Bedürfnis, uns mit irgendwelchen Emotionen zu identifizieren oder sie zurückzuweisen; wir erfahren sie unmittelbar, ohne zwischen ihnen zu unterscheiden. Indem wir unsere Bewußtheit entwickeln und steigern, können wir unsere negativen Emotionen verwandeln. Sie verlieren ihre Macht über uns, und wir beginnen, uns leichter und vertrauensvoller zu fühlen. Durch diese Erfahrungen können wir sogar das Wesen der Wirklichkeit durchdringen. – Und in diesen seltenen Augenblicken können wir große Freude erfahren.

Beständige Bewußtheit bei allem, was wir tun, ist sogar wichtiger, als formale Meditation oder Übung. Denn wenn wir jeden Augenblick achtsam sind, wächst unser Vertrauen und unsere Ausgeglichenheit. Schließlich werden wir verstehen, wie entscheidend jeder Gedanke, jedes Wort und jede Handlung für uns selbst und für andere ist.

Sobald wir dieses Verstehen in unser tägliches Leben ausdehnen, können wir lernen, Offenheit kontinuierlich aufrechtzuerhalten. Bleiben wir offen, wachsam und aufmerksam, können uns unsere Emotionen und Probleme nicht überwältigen. Wir können ihnen erlauben zu erscheinen, ohne nach ihnen zu greifen. Dadurch werden wir nicht länger in emotionalen Gewittern gefangen.

So wie Wissenschaftler ihre Theorien im Labor testen, so können wir uns im Alltagsleben selbst überprüfen. Wenn wir ausgeglichen und zufrieden sind, wenn wir bemerken, daß unser Geist klar und unser Herz offen ist, dann wissen wir, daß wir begonnen haben, die Wahrheit in uns zu berühren.

Sich den Glauben und das Vertrauen zu bewahren, ist einer der wichtigsten Aspekte bei der Entwicklung eines spirituellen Lebens. Jeder kann es für kurze Zeit oder sogar für ein bis zwei Jahre interessant finden, aber je vielschichtiger und widerspruchsvoller die Welt wird, desto schwieriger ist es, spirituell zu überleben – innerlich zu überleben –, weil uns alles von Meditation und innerer Ruhe, unserem Sinn für innere Stärke und Wissen, wegzulocken scheint. Es kann Zeiten geben, in denen wir den Mut verlieren, weiter zu meditieren, und denken, daß wir nur unsere Zeit und Energie verschwenden, daß eigentlich nichts geschieht und wir deshalb das Üben aufgeben sollten. Es ist jedoch wichtig, bei jeder Handlung, in jeder Situation bewußt zu sein und uns selbst zu ermutigen, denn schon ein einziger negativer Gedanke kann uns aus der Bahn werfen. Jeder Augenblick birgt das Potential zur Erleuchtung in sich, aber auch das Potential zur Zerstörung.

Wenn sich die Welt auch ständig in endlosen Sinneswahrnehmungen und Reizen zu verlieren scheint, können wir uns und unsere Integrität schützen, indem wir uns eindeutig dazu entscheiden, uns von unheilsamen oder verstrickenden Einflüssen zu befreien. Es ist wichtig, auf unsere innere Führung zu hören und uns nicht von anderen mitreißen zu lassen, da selbst unsere tiefsten Einsichten und unsere größte Entschlossenheit, positiv zu handeln, leicht schwinden können. Wir müssen uns also unsere ursprüngliche Hingabe an die Wahrheit erhalten, unabhängig davon, was geschieht – seien es emotionale Stürme oder bedrohliche Situationen. Wer sich Wahrhaftigkeit und echtem Verstehen innerlich verpflichtet hat, gibt niemals auf. Diese Art von Beharrlichkeit ist eine der wichtigsten Voraussetzungen für die Entdeckung der Wirklichkeit.

Selbst intelligente Menschen verfangen sich manchmal in dem Muster, anderen blind zu folgen. Passiert uns das, können wir mit der Zeit unser ursprüngliches Selbstvertrauen und unser Gleichgewicht verlieren und uns vielleicht sogar für Versager halten. Zeigt sich einmal diese Schwäche, werden wir anfällig für negative Emotionen und destruktive Situationen, die uns immer mehr aus dem Gleichgewicht bringen. Es ist wie eine schwer heilbare Infektionskrankheit. Psychische Konflikte setzen sich dermaßen fest, daß sich unser Geist endlos im Kreis dreht.

Wenn wir unsere innere Führung zurückweisen, ist es nicht einfach, sie wiederzufinden, denn unsere Ansichten und Motivation können sich verändert haben. So, wie ein Mensch, der im Dunkeln herumtappt und sichere Führung findet, sie nicht wieder losläßt, sollten wir die einmal gewonnene Stärke und Bewußtheit nicht mehr loslassen. Das ist wichtig, denn es gibt Zeiten, in denen wir uns schwach oder besonders verwundbar fühlen. Es ist nicht immer leicht, dem eigenen Urteil zu vertrauen, aber wenn wir unserer eigenen Wahrheit folgen, lernen wir, uns selbst zu vertrauen und uns über jeden Augenblick zu freuen. Wenn wir auf diese Weise gelebt haben, können wir zurückschauen und werden feststellen, wieviel wir gelernt und erreicht haben und wie glücklich wir uns schätzen können, so viel Wissen erlangt zu haben. Selbst jetzt wissen wir schon genug, um Vertrauen in uns zu haben. – Und das ist eine unerschöpfliche Quelle der Führung und des Schutzes.

Jeden Tag können wir unsere Offenheit ausdehnen, so daß Bewußtheit frei und natürlich fließt. Wir brauchen keine andere Vorbereitung. Vielleicht versuchen wir, jahrelang erfolglos zu meditieren; doch mit dieser Offenheit können wir in kurzer Zeit lernen, vollkommen und ohne Schwierigkeiten zu meditieren. Wenn wir mit solch einer Offenheit meditieren und alles Zweifeln und Zögern hinter uns lassen, weist uns unsere innere Führung von selbst den Weg zu den Lehren in uns. Je mehr sich unsere Bewußtheit entwickelt, desto mehr öffnen wir uns der unmittelbaren Erfahrung des Geistes.

Einer meiner Lehrer erklärte einmal, daß hervorragende Krieger – wie die Samurai – jede Bewegung, jede Geste vervollkommnen, bevor sie sich auf einen Kampf einlassen. Sie sind vollkommen vorbereitet, wenn sie schließlich auf einen Gegner treffen. Es gibt keinen Zweifel über das Vorgehen; sie denken nicht einmal mehr darüber nach. Sie handeln einfach, und jede Bewegung ist von selbst vollkommen.

Bei der Meditation ist es ähnlich. Bis wir vollkommenes Vertrauen gewonnen haben und keine Fragen mehr bleiben, ist alles Übung und Vorbereitung. Ganz gleich, was wir tun, wir können üben, immer bewußt zu sein, im unmittelbaren, gegenwärtigen Moment. Wir brauchen nicht zu fragen, wie das ist, was das ist oder wer das ist. Wir lernen, einfach vollkommen zu meditieren, ohne Beschränkungen oder Hintergedanken.

Wir könnten jetzt fragen, warum wir noch vorbereitende Übungen zur körperlichen und geistigen Läuterung benötigen und warum wir bestimmte Techniken lernen sollen. Diese Übungen sind notwendig, weil es sehr schwierig ist, den ›geheimen Weg‹ der Meditation unmittelbar zu durchdringen. Sobald wir jedoch Meditation verstehen, sobald wir den Schlüssel gefunden haben, können wir intuitiv bei allen Tätigkeiten in diesem Zustand der Bewußtheit verweilen.

Haben wir für uns etwas Wertvolles entdeckt, kann uns dies niemand mehr nehmen; kein anderer kann uns diese Sicherheit geben. Deshalb sollten wir unser Vertrauen stärken und uns selbst ermutigen. Wir müssen wissen, daß das Leben sehr kostbar ist und daß unsere gewöhnliche Erfahrung der wahre Weg des Wissens ist. Wissen wir, daß wir ›richtig‹ handeln und daß wir unser Ziel erreichen, verlassen wir uns nicht mehr auf andere, und wir beginnen wirklich, unser Leben zu schätzen.

Wenn wir Meditation üben und unsere Erfahrung prüfen, lernen wir, die Bedeutung des Sprichwortes zu verstehen: ›Wahrheit ist wie Gold: je stärker es erhitzt und geschmiedet wird, desto feiner werden seine Eigenschaften.‹ Gehen wir einmal durch einen wirklichen Selbstfindungsprozeß, kann uns niemand mehr unser Selbstvertrauen nehmen. Die Inspiration kommt von Innen, und wir *wissen*, ohne daß es uns gesagt werden müßte. In gewisser Weise ist dies die einzig sinnvolle Lehre, und sie steht uns immer offen, denn Wahrheit wird durch Selbsterkenntnis weitergetragen. Deswegen können wir uns immer wieder daran erinnern, unser Vertrauen zu bewahren – Vertrauen in unsere Meditation und Vertrauen in unsere Erfahrung.

Den Geist entdecken

Wir können den Geist
als lebendig, empfindsam und leuchtend erfahren –
wie strahlendes Sonnenlicht.

EVOR wir nicht in der Lage sind, unseren Geist wirklich zu verstehen, bleiben wir uns selbst fremd und unser wahres Potential ist uns nicht bewußt. Wir können viele Jahre damit verbringen, etwas über die Natur des Geistes zu lernen, aber tatsächlich *ist* alles, was wir erfahren, unser Geist. Das bedeutet nicht, daß äußere Objekte unser Geist sind, sondern vielmehr, daß unsere Projektionen von Erfahrungen selbst Teil des Geistes sind.

Wenn ich nach Tibet zurückkehren und dort gefragt würde: ›Was hat es mit der amerikanischen Kultur auf sich?‹, dann könnte ich das nicht einfach mit wenigen Worten beantworten. Genauso gibt es viele verschiedene Arten, den Geist zu erklären, denn Geist wird von verschiedenen Individuen unterschiedlich erfahren, und es sind unzählige Typen, Grade und Ebenen des Geistes zu berücksichtigen.

Der Geist ist so vielseitig wie ein Künstler. Er kann Verwirrung, Täuschungen und Leiden schaffen, genauso wie vollkommene Ordnung und unvergleichliche Schönheit. Er entwirft alle Formen und speist alle unseren inneren Dramen. Er kann als absolute Wahrheit in Erscheinung treten, aber auch in Form unserer Gedanken und Emotionen. Der Geist ist nicht irgendein Ding oder viele Dinge oder irgend etwas in sich selbst. Wir können die unterschiedlichsten Worte benutzen, um den Wirkungskreis des Geistes zu beschreiben und seine scheinbare Funktionsweise zu erörtern. Manchmal bezeichnen wir ihn vielleicht als ›Bewußtsein‹ und manchmal als ›Bewußtheit‹, aber je mehr wir nachforschen und beobachten, desto vielschichtiger wird er uns erscheinen.

Die meisten Interpretationen des Geistes sind beschränkt, weil sie ihn zu anderen Konzepten in Beziehung setzen: Der Geist ist wie dies, das Bewußtsein wie jenes. Wenn sich unser Ego mit dem Geist beschäftigt, ordnet es unsere Erfahrung der Welt in spezifische Formen, Strukturen und Umrisse. Diese werden zu festen Mustern, die unser Sein regieren, so wie eine Verfassung einen Staat regiert. Diese Muster überlagern jedoch nur den Geist. Sie sind nicht der Geist selbst.

Versuchen wir, die Natur des Geistes zu entdecken, begehen wir oft den Fehler, einem bestimmten Sinn nachzujagen. Wir meinen, einen Halt in wahrem Wissen gefunden zu haben, wenn wir die *Bedeutung* bestimmter Konzepte, Worte oder Erfahrungen verstehen. Aber Bedeutungen hängen ihrerseits nur von anderen Konzepten ab und haben keine feste Grundlage in sich selbst. Die Suche nach dem Sinn kann so zu einem sich selbst erhaltenden Kreislauf werden. Wir gleichen dann einer Katze, die ihrem eigenen Schwanz nachjagt, oder einem Läufer, der hyperventiliert und seinen Atem nicht mehr kontrollieren kann.

Da es kaum verläßliche Angaben über die innere Wirkungsweise des Geistes gibt, ist es schwierig, sich ein genaues Wissen über den Geist zu erschließen. Vielleicht betrachten wir den Geist in rein physiologischem Sinn, bringen ihn lediglich mit dem Gehirn und einer Abfolge neurologischer Prozesse in Verbindung. Oder wir interessieren uns intellektuell dafür, wie Wahrnehmung über die physischen Sinne abläuft oder wie wir Konzepte formulieren und Entscheidungen treffen. Wenn wir den Geist von einem meditativen Standpunkt aus erforschen, erkennen wir, daß er sehr viel mehr ist als das Gehirn oder ein Filter für unsere Wahrnehmungen, viel mehr als nur eine Ansammlung von Konzepten. Durch Meditation können wir über Bedeutungen und Kategorien hinausgehen, hinein in die unmittelbare Erfahrung der inneren Ebenen des Geistes. Wir kön-

nen den Geist als lebendig, empfindsam und leuchtend erfahren
– wie strahlendes Sonnenlicht.

Bewußtsein oder einfache Bewußtheit beschäftigen sich mit
Sinneseindrücken, Wahrnehmungen, Bildern und Emotionen.
Dies sind jedoch nur Teile, die zusammengenommen nicht den
gesamten Geist ausmachen. Der Geist ist weit umfassender als
die Summe dieser Aspekte. Die buddhistische Psychologie lehrt
über fünfzig spezifische geistige Faktoren und mindestens acht
verschiedene Bewußtseinszustände, aber selbst diese sind nur
die Oberfläche des Geistes. Wir können jenseits des Bewußtseins gelangen, um die nicht-begrifflichen Schichten des Geistes
zu entdecken. Wir können *alle* Schichten untersuchen, so wie
man eine Rosenblüte entblättert. Wir können den Geist jenseits
des Bereiches der Stofflichkeit erkunden, ja sogar über die Ebene des Seins und Nichtseins hinausgehen, denn der Geist ist un-
vorstellbar weit.

Wenn wir den Geist tiefer erforschen, werden wir ent-
decken, daß der Geist an sich keine Substanz hat. Er hat keine
Farbe, keine Gestalt, keine Form, keinen Standpunkt, keine
Merkmale, keinen Anfang und kein Ende. Er ist weder innen

noch außen, und so kann er nicht auf dieses oder jenes festgelegt werden. Er ist nicht mit anderen Dingen vermischt, aber er ist auch nicht von ihnen getrennt. Der Geist kann nicht erfunden, zerstört, zurückgewiesen oder angenommen werden. Er geht über Vernunft und logische Prozesse hinaus. Er ist jenseits gewöhnlicher Zeit und allen Seins.

Durch Meditation beginnen wir, die ungeheure Aktivität in unserem Geist zu erkennen. Wir können damit anfangen, uns mit bestimmten Gedanken und Problemen zu befassen. Indem wir mit diesen durch den Prozeß der Konfrontation, Annahme, Unterdrückung oder Veränderung gehen, können wir ein Verständnis des Geistes und seiner Wirkungsweise gewinnen.

Eines der Haupthindernisse, um die Tiefe und die Eigenschaften des Geistes zu entdecken und zu schätzen, liegt darin, daß wir diese nicht genug respektieren und unseren Geist als etwas Selbstverständliches ansehen. Dieser Respekt benötigt keine egoistische Haltung, aber es ist sehr wichtig zu erkennen, wie kostbar und wertvoll unser Geist ist. Normalerweise loben wir unser Ego mehr als den Geist, wenn wir eine positive Erfahrung machen, denn wir halten das Ego für den Stellvertreter des Intellekts. Treten jedoch Probleme und Schwierigkeiten auf, beschuldigen wir den Geist. Wir geben unseren unterschiedlichen Neurosen Namen und betrachten sie als wirklich, als Teil des Geistes, obwohl der Geist selbst von ihnen unberührt ist. Diese Ablehnung des Geistes als etwas Fremdes oder gar Bedrohliches ist keine gesunde Haltung. Oft sind wir um unseren Körper sehr besorgt. Wir schmücken uns und erschaffen eindrucksvolle Selbstbilder, aber selten würdigen wir in gleicher Weise die Vielfalt, das Reich und die Gesamtheit unseres Geistes.

Der Geist ist die Quelle alles Wissens und aller Inspiration. Wenn wir erleuchtet werden, ist es der Geist, der erleuchtet ist. Wenn wir traurig sind, ist es der Geist, der traurig ist. Wenn wir damit beginnen, unseren Geist zu schätzen und zu achten, wer-

den wir feststellen, daß es der Geist selbst ist, der unsere täglichen Erfahrungen transformieren kann. Unsere Probleme erscheinen weniger real, denn wir entdecken, daß all unsere Probleme in Wirklichkeit selbstgeschaffen sind. Je mehr wir unseren Geist erforschen, desto mehr wachsen wir über Worte und
Vorstellungen hinaus, um Wahrheit und Verständnis zu entdecken. Wir müssen nicht blind den Ideen eines anderen folgen,
sondern können unseren eigenen Geist in immer größeren Tiefen erforschen, bis wir die Natur des Geistes entdecken – die
leuchtend, strahlend und lebendig ist.

Der natürliche Zustand des Geistes

Da der Geist seinem wahren Wesen nach
ohne Dualität ist, nicht getrennt
von der Einheit aller Dinge,
wird unser Leben zu unserer Meditation.

DIEJENIGEN, die nicht mit Meditation vertraut sind, meinen oft, sie sei etwas Fremdartiges, Ungewöhnliches oder Unnatürliches – eine exotische Erfahrung, die erst gewonnen werden muß – oder sie sei irgendwie verschieden von der Person, die meditiert. Oder Meditation wird nur als ein weiterer Aspekt östlicher Philosophie oder Psychologie, die man erforschen, studieren und untersuchen kann, betrachtet. Aber Meditation ist nichts Fremdartiges, Getrenntes oder Äußeres. Meditation ist der natürliche Zustand des Geistes, und das gesamte Wesen des Geistes kann unsere Meditation sein.

Meditation beginnt, wenn wir unserem Körper und Geist erlauben, tief und vollständig zu entspannen. Das tun wir, indem wir das Gefühl erleben, das einfach durch Loslassen entsteht, wozu wir uns noch nicht einmal auffordern müssen. Wenn wir einfach alles so belassen, wie es ist, und auf die Stille in unserem Geist hören, wird dies zu unserer Meditation. Diese Stille ist nicht einfach die Abwesenheit von Geräuschen oder nur das Freisein von Ablenkungen; sie ist vollkommene Offenheit, die Gegenwart des Geistes. Wenn wir einfach still im gegenwärtigen Augenblick verweilen – ohne nach Sicherheiten zu greifen, ohne zu versuchen, unsere Probleme zu lösen –, ist alles, was bleibt, Bewußtheit.

Meditation ist der Vorgang der Selbstentdeckung. Auf einer Ebene zeigt uns die Meditationserfahrung die Muster unseres Lebens – wie wir unsere emotionalen Merkmale seit unserer

Kindheit mit uns weitertragen –, aber auf einer anderen Ebene befreit sie uns von eben diesen Mustern und erleichtert es uns, unser inneres Potential zu erkennen. Wenn wir unsere Gedankenmuster *rückwärts* betrachten, können wir manchmal die von unseren Selbstbildern geschaffenen Täuschungen beobachten und identifizieren. Wir können lernen, durch die Verstellungen und Vorwände des Geistes, durch all unsere Erklärungen und Entschuldigungen hindurchzusehen. Wir können erkennen, daß wir immer noch lediglich Spiele spielen und weit von ursprünglicher Selbsterkenntnis entfernt sind.

Wir setzen uns ständig willkürliche Grenzen und Beschränkungen, indem wir die Welt von festgefahrenen Standpunkten aus betrachten und erfahren. Wir meinen, eine Erfahrung, die keinen Bezug zu unseren Sinnen oder Projektionen aufweist, habe keinen Wert. Was gibt es zu verlieren, wenn wir über objektivierende Begriffe, Dualismus und Raum und Zeit hinausgehen? Wenn überhaupt etwas, dann lediglich unsere Ängste, zwanghaften Vorstellungen, unser krankhaftes Festhalten an einem eingebildeten ›Ich‹ und dessen eingebildeter Sicherheit. Der natürliche Zustand des Geistes hat nichts zu verlieren. Nur, weil wir uns unserer selbst entfremdet haben, scheiterten wir bisher, zu erkennen, daß wir in Bewußtheit – in unserer inneren Natur, unserem eigentlichen Zuhause – verweilen können.

Auch wenn wir von unserem inneren Wesen ›reden‹, so bedeutet das nicht unbedingt, daß wir es erfahren. Im Gegenteil, die meisten von uns sind in dem ununterbrochenen Prozeß gefangen, Vorstellungen und Erklärungen zu entwickeln, die nur noch weitere Vorstellungen und Erklärungen nach sich ziehen. Unser Geist ist nahezu unaufhörlich in Bewegung. Das ›Ich‹ verbindet sich selbst immer mit verschiedenen Gefühlen, Konzepten und psychologischen Betrachtungen. Das Ego wartet ständig darauf, uns fragen zu können, ob wir etwas erreicht haben. So müssen wir uns dauernd selbst ›Bericht erstatten‹ – und bemerken, daß wir außerhalb unserer Erfahrung stehen und sie von dort aus betrachten.

Obwohl wir unser Bestes versuchen, aufmerksam und bewußt zu sein, bauen unsere inneren Zwiegespräche und Projektionen Hindernisse auf, die die Unmittelbarkeit unserer Erfahrung vereiteln. Je mehr wir eine Erfahrung zu deuten und in Worte zu kleiden versuchen, desto weiter entfernen wir uns von ihr. Was uns bleibt sind ›feste‹ Vorstellungen und dualistische Anschauungen in bezug auf die Welt, so daß unsere Antworten und Reaktionen auf alltägliche Situationen nicht von einem natürlichen Zustand kommen. Es ist, als lebten wir inmitten eines wunderschönen Blumengartens – und wären uns seiner doch nicht bewußt. Jahre über Jahre können wir damit verbringen, zu erklären, zu denken und zu analysieren, ohne jemals diesen natürlichen Zustand zu entdecken.

Es ist schwierig, diesen Zustand des Geistes zu erkennen, denn wir glauben, daß unsere Gefühle und Gedanken ›mir‹ gehören. Wir beurteilen sie in bezug auf ›meine‹ Situation, ›mein‹ Leben. Aber Gedanken und Gefühle gehören keinesfalls ›mir‹. Ein Gedanke ist einfach mit dem nächsten verbunden und darauf folgt ein weiterer. Gehen wir ein wenig tiefer, finden wir noch einen weiteren. Jeder Gedanke bringt verschiedene Worte und Bilder mit sich, wie eine endlos vor- und zurücklaufende Filmspule. Diese Bilderwelt besetzt unsere Bewußtheit und entzieht uns unsere Energie. Schließlich ist die Bewußtheit verloren. Wir werden wie Kinder, die Comics anschauen – ganz darin versunken, darauf starrend.

Beobachten wir unseren Geist, erkennen wir, wie leicht sich unser Bewußtsein auf Gedanken und Sinneseindrücke festlegt. Hören wir zum Beispiel plötzlich eine Tür zuschlagen oder Reifen quietschen, so projizieren wir sofort ein Bild oder eine Vorstellung; mit dieser Vorstellung oder diesem Bild verbindet sich eine Erfahrung mit sehr feinen und genauen Gefühlstönen. Verweilen wir im unmittelbar gegenwärtigen Augenblick, ist es möglich, ›in‹ diese Erfahrung einzutreten. In diesem Moment entdecken wir eine gewisse innere Atmosphäre oder Umgebung, die weder Gestalt noch Form, noch bestimmte Merk-

male oder Struktur hat. Dort gibt es keine Worte, Bilder, Vorstellungen oder Standpunkte, an denen man sich festhalten
könnte; denn jeglicher Standpunkt – ein Standpunkt des Fest-
haltens oder auch des Darüberhinausgehens – würde sich immer noch auf etwas beziehen, das letztlich zu uns selbst als dem
Subjekt in Beziehung steht. Wollen wir also von den dualistischen Mustern unseres Geistes frei werden, ist es wichtig, ›über‹
relatives Verstehen und relativen Glauben hinauszugehen,
nach *innen* zu schauen und, solange wie möglich, im allerersten
Augenblick einer Erfahrung zu verweilen.

Da der Geist seinem wahren Wesen nach ohne Dualität ist,
nicht getrennt von der Einheit aller Dinge, wird unser Leben zu
unserer Meditation. Meditation ist keine Technik, um dieser
Welt zu entfliehen. Sie ist eine gute Freundin und Lehrerin, die
unseren Geist führt, unterstützt und ihm hilft, direkt mit unserem innersten Wesen in Berührung zu kommen, ohne Mauern,
die uns von unserer Bewußtheit, Inspiration und Intuition trennen. Durch diese Erfahrung können wir mit unserer eigenen
Ganzheit in Verbindung treten.

So können wir jeden Augenblick mit Meditation Freundschaft schließen. In der Sichtweise, die durch Meditation entsteht, können wir alles Sein als vollkommen und wunderschön
erfahren, denn alles hat Schönheit – unsere Art zu arbeiten, zu
denken und zu sprechen – jede Situation hat einen eigenen, ihr
innewohnenden Wert und Sinn. Wenn wir das Licht der Meditation in unser Leben bringen, wird es reicher, sinnvoller und
zielgerichteter, und wir sind in der Lage, mit jeder Situation
offen und direkt umzugehen.

Diese natürliche Bewußtheit ist einfach und direkt, offen
und empfänglich. Sie ist unmittelbar und spontan, ohne Trübungen. Es gibt weder Angst noch Schuld, keine Probleme,
noch den Wunsch, zu fliehen oder anders zu sein. ›Natürlich‹
heißt: ›nicht gebunden‹, keine Erwartungen, keine Zwänge,
keine Interpretationen oder vorgefaßten Pläne zu haben. Wenn

sich die Meditation vertieft, gibt es kein Bedürfnis, sie festzuhalten, zu verbessern oder zu vervollkommnen. Es ist nicht notwendig, Fortschritte zu machen, denn alles bewegt sich im natürlichen Zustand der Wirklichkeit weiter.

Gelingt es uns, diese unmittelbare Bewußtheit zu erfahren, steht nichts mehr zwischen unserem Geist und unserer Meditation. Die Erfahrung ist immer neu, frisch, klar und schön. Obwohl sie jenseits unserer gewöhnlichen Zeitvorstellung ist, gibt es dennoch Kontinuität. Alles ist genau so, ›wie es ist‹, nichts ist hinzugefügt und nichts weggelassen.

Wenn wir in unserer Meditation im gegenwärtigen Augenblick verweilen können, ist es möglich, diesen höheren Zustand der Bewußtheit zu erfahren. Halten wir jedoch an geistigen Projektionen fest oder versuchen, uns an bestimmte Anweisungen oder Abläufe zu erinnern, fahren wir nur damit fort, den Bewegungen des Geistes auf der Ebene des Bewußtseins zu folgen. Vielleicht studieren und praktizieren wir jahrelang auf einer begrifflichen Ebene, vollbringen viele gute Taten und sammeln eine Menge Informationen, kommen aber dennoch dem wirklichen Verstehen nicht viel näher. Deshalb ist es notwendig, Bewußtheit über den Bereich der inneren Selbstgespräche hinaus auszudehnen, uns so weit wir können zu lockern, zu öffnen und sehr ruhig zu werden. Dies sind auch nur Begriffe, aber später, mit etwas Übung, können wir über diese Vorstellungen und Begriffsmuster hinausgehen zu einem Zustand, der völlig ohne Zentrum ist. Denn alle Begrenzungen, die ein Zentrum erfordern, haben sich aufgelöst. – Das ist Meditation.

Entwickeln wir unsere Meditation, brauchen wir uns nicht mehr auf verstandesmäßige Erklärungen zu berufen, um zu rechtfertigen, wer wir sind, denn die begrenzende Identität unseres Selbst schwindet dahin wie Nebel in der Morgensonne. Verstehen wir das, brauchen wir nicht mehr mit unserem Ego und unseren negativen Emotionen oder mit Unterscheidungen wie gut oder böse, positiv oder negativ, spiritueller Weg oder gewohnheitsmäßiges Handeln, zu kämpfen. In der Meditationserfahrung entsteht von selbst spontane Bewußtheit, und emotionale Konflikte und Probleme fangen an, ihren Einfluß zu verlieren und werden wie Wolken. Hören wir auf, unseren Problemen Nahrung zu geben, lösen sie sich in Bewußtheit selbst auf. Dann können wir wirklich erkennen, daß die gesamte Natur des Geistes unsere Meditation ist. Dadurch wird unser Geist mit einer kraftvollen, kostbaren Energie erhellt, und wir erleben unmittelbar ein nicht zu beschreibendes allwissendes Verstehen.

Zum Meditationserlebnis werden

Wenn wir richtig meditieren,
meditieren wir mit großer Konzentration,
ohne uns dabei im geringsten anzustrengen.

WENN es Fragen gibt, ganz gleich welcher Art, würde ich sie gerne hören. ›Meditation scheint so einfach zu sein‹, sagte jemand zu mir. Gibt es jedoch Fragen zu Meditation, zu persönlichen Erfahrungen oder zum Alltag, bin ich gerne bereit, zu deren Klärung beizutragen. Wir sind jetzt zusammen, um miteinander zu reden und uns auszutauschen.

SchülerIn: Wenn ich meditiere, soll ich dann weiterhin das Mantra gebrauchen, das ich von einem anderen Lehrer erhielt?
Rinpoche*: Das ist Ihnen überlassen. Wenn ein Mantra Ihnen hilft, tiefere Schichten der Meditation zu berühren, möchten Sie es vielleicht weiterhin benutzen. Mantren können zu unserer Entspannung hilfreich sein und haben auch Aspekte der Hingabe, die die Entwicklung innerer Qualitäten unterstützen können.

Mantren können sehr mächtige ›Werkzeuge‹ sein, um dem Geist bei der Konzentration zu helfen und Ablenkung zu vermeiden. Andererseits, da der Geist sich noch mit einer ›Übung‹ beschäftigt, kann uns das Rezitieren von Mantren auch beschränken, denn es bindet unsere Aufmerksamkeit an eine Unterscheidung zwischen Subjekt und Objekt. So müssen wir für uns selbst entscheiden, wann ein Mantra hilfreich ist, und wann nicht.

---

* ein Ehrentitel, ›Kostbarster‹. Hier bezieht er sich auf Tarthang Tulku.

Mantren werden auch bei der Visualisation bestimmter Farben und Formen angewandt. Üben wir Mantren – hörbar oder auch innerlich – über lange Zeiträume ununterbrochen, so schwingen sie auf feineren Ebenen in uns weiter, auch wenn wir aufgehört haben, sie zu intonieren. Mantren haben sehr starke Auswirkungen und helfen dabei, körperliche und geistige Schwierigkeiten zu heilen.

SchülerIn: Gibt es bestimmte Heilmeditationen?
Rinpoche: Meditation *ist* Selbstheilung. Es ist ein Vorgang, der zu einem umfassenden Verständnis unseres Geistes und unseres eigentlichen Wesens führt. Dadurch, daß wir unseren Geist analysieren, lernen wir, wie wir Informationen verarbeiten und wie wir auf bestimmte Situationen reagieren. Wenn der Geist still ist wie ein See, können wir ruhig beobachten, wie Wellen kommen und gehen. Ebenso können wir die Spiegelung aller unserer Selbstbilder erkennen und allmählich, wenn der ›Beobachter‹ und die Gedanken verschwinden, können wir den Geist unmittelbar erleben.

Bei der Meditation versuchen wir zuerst, den Geist zu ›fixieren‹, ihn festzuhalten, damit wir ihn untersuchen können. Entwickelt sich unsere Meditation, können wir beginnen zu entspannen, loszulassen, einfach zu *sein* – ohne Anstrengung, ohne Greifen. Dabei entdecken wir, daß der ›Geist‹ selbst nicht existiert; er ist nirgendwo zu finden. Dieser natürliche Zustand der unmittelbaren Erfahrung ist unser innerer Heiler.

SchülerIn: Ich habe in einem Artikel von einem Arzt gelesen, der Meditations- und Visualisationsübungen verwendete, um Krebspatienten zu heilen.
Rinpoche: Das ist nicht überraschend. Bestimmte Krankheiten sind das Ergebnis von Blockaden in unserem physischen Körper, die durch unsere Emotionen entstanden sind. Wenn wir durch Meditation sehr entspannt werden, wird es möglich, die Krankheit zu transformieren. In Tibet gab es kaum Fälle

von Krebs, da die Umgebung ruhig und friedlich war. Das Leben war viel leichter, und so gab es weniger Krankheiten. Aber trotzdem mußten alle Menschen früher oder später Krankheit und Tod entgegentreten. Unsere Umwelt hier ist oft übervölkert und laut. Es ist schwierig, einen friedlichen Ort zu finden. Die einzige Möglichkeit scheint zu sein, uns den inneren Frieden zu erschließen. Die moderne Technik hat viele Annehmlichkeiten gebracht, aber unsere Bedürfnisse und Gewohnheiten halten uns gefangen und werden so sehr Teil unseres Lebens, daß wir sie nicht mehr aufgeben können. Obwohl die Technik uns gewisse Bequemlichkeiten ermöglicht, hat sie uns nicht von unseren Frustrationen geheilt. Wir begegnen so großem materiellen Reichtum und haben so viele Möglichkeiten, daß viele davon ganz verwirrt werden. Selbst wenn wir uns das ganze Leben lang sehr abmühen, viel Energie in unsere Arbeit stecken, fällt das Ergebnis vielleicht eher mager aus. Wir scheinen in einem Kreislauf von Vergnügen und Kummer, Erwartung und Enttäuschung gefangen zu sein. Warum muß das wohl so sein?

Dazu gibt es eine Geschichte von zwei Brüdern. Der eine von ihnen war gemein, aber sehr schlau; der andere sehr eigensinnig und dumm. Eines Tages gingen sie über ein Feld, und der gemeine Bruder kam auf den Gedanken, sich einen Spaß zu erlauben. Er sagte zum anderen: ›Bleibe du hier sitzen. Ich gehe auf den Hügel und schicke dir ein großes Geschenk herunter. Es wird seltsam knistern und zischen, aber du mußt es unbedingt halten, bis ich zurück bin.‹ Mit diesen Worten ging er auf den Hügel. Er fand dort einen großen weißen Stein. Den erhitzte er bis zur Rotglut und rollte ihn den Abhang hinunter. Dabei schrie er: ›He, Brüderchen, hier kommt dein Geschenk! Fang es auf! Laß es nicht los, bis ich komme!‹

Der einfältige Bruder war so aufgeregt über das Geschenk, das er erhalten sollte, rannte los und fing den Stein auf. Der Pelz, den er trug, prasselte und zischte, als er versengt wurde. Der heiße Stein brannte durch das Fell hindurch und verbrannte ihn an vielen Stellen, aber er ließ ihn trotzdem nicht los. Er hielt den Stein für kostbar. Er sprach zu dem heißen Stein: ›Ganz gleich, was du mir antust, ich lasse dich nicht los, bis mein Bruder kommt.‹ So hielt er ihn starrköpfig fest in der Meinung, es sei wichtig für ihn.

Genauso klammern wir uns an alles, was wir lieben, auch wenn es äußerst enttäuschend und schmerzvoll ist. Wir halten auch an unserer Meditation fest, wollen Farben sehen, Visionen haben, angenehme Empfindungen und Gefühle verspüren und die höheren Bewußtseinsstufen erleben. Unser Geist will sich noch identifizieren; er will vereinnahmen und auf unsere Erfahrung Einfluß nehmen, damit er etwas Erfreuliches hat, das er uns erzählen kann. Wenn wir jedoch das Haften an den Sinnen und Empfindungen aufgeben, können wir zur Erfahrung selbst *werden*. – Das ist der eigentliche Heilprozeß.

SchülerIn: Halten Sie Zorn für schlecht?
Rinpoche: Zorn ist nicht notwendigerweise gut oder schlecht. – Das hängt von der jeweiligen Interpretation ab. Zorn zerstört jedoch unseren Frieden und unser Gleichgewicht. Die Energie des Zorns ist scharf und verstärkt unsere emotionalen Reaktionen. Auf diese Weise geht eine tiefer liegende natürliche Harmonie verloren und das Ergebnis ist verletzend und unbefriedigend. Aber auf einer höheren Ebene kann jemand, der die in der Meditation enthaltene Energie zu handhaben weiß, Zorn als Quelle der Energie zur Entwicklung einer tieferen und klareren Meditation verwenden.

SchülerIn: Wenn ich wirklich zornig bin und dem auch irgendwie Ausdruck verleihe, fühle ich, wenn es nicht zu explosiv geschieht, hinterher eine Art Frieden.
Rinpoche: Das stimmt nicht ganz. Wenn wir unserem Ärger Luft verschaffen, haben wir ihn eine Zeit lang festgehalten und unterdrückt. Lassen wir ihn los, fühlen wir körperliche Erleichterung, da gewisse Energien, die bisher im Körper blok-

kiert waren, frei werden. Dadurch wird eine vorübergehende Hochstimmung erzeugt. Der tiefer liegende Zorn jedoch, die eigentliche Quelle, löst sich damit nicht auf. Ihm wird gewissermaßen sogar neue Kraft zugeführt, denn er hat einen Weg gefunden, Kontrolle zu erlangen und sich Ausdruck zu verschaffen. Er wird also wiederkommen. Der Frieden ist nur vorübergehend, eine Illusion. – Die Ursache des tiefer liegenden Unbefriedigtseins muß erst noch aufgelöst werden.

SchülerIn: Können wir Zorn nicht als gesunde Äußerung, als Ablauf eines natürlichen Prozesses betrachten?

Rinpoche: Sicher sind in gewisser Weise alle Emotionen natürlich, aber was bedeutet eigentlich ›natürlich‹? Wir alle verhalten uns nach verschiedenen Mustern. Körper, Rede und Geist haben jeweils eigene Muster. Wir halten diese für gut oder schlecht, richtig oder falsch, je nachdem, wie nützlich sie für uns sind. Auch unsere Kultur und Gesellschaft folgen bestimmten Mustern, die mit dem, was wir wollen oder für richtig halten, übereinstimmen oder auch nicht.

Jedes menschliche Wesen hat körperliche und psychische Blockaden oder Muster aufgebaut, die sehr schwer zu durchbrechen sind. Bemühen wir uns darum, uns von diesen persönlichen oder gesellschaftlich bedingten Verhaltensmustern zu befreien, werden wir vielleicht für nicht normal oder gar für verrückt gehalten. Aber selbst ein Verhalten, das in unserer persönlichen oder kulturellen Situation als ›natürlich‹ oder ›normal‹ gilt, ist nicht notwendigerweise heilsam oder positiv.

SchülerIn: Könnten Sie etwas über sexuelle Gefühle sagen?
Rinpoche: Wir können an Sexualität Spaß haben, uns entspannt und befriedigt fühlen oder wir sind am Ende damit sehr unbefriedigt. Es hängt dabei sehr viel von jedem einzelnen und der gesamten Beziehung ab. Sexualität kann sehr heilsam sein, wenn das Ich dabei nicht beteiligt ist. Wenn wir sehr feinfühlig und vollkommen entspannt sind – nicht an Besitzansprüche,

Verlangen und selbstsüchtige Anhänglichkeit gebunden –, dann kann Sexualität sehr befreiend wirken. Meistens jedoch bringen sexuelle Gefühle Verlangen mit sich. Sie benötigen etwas Greifbares, das sie berühren können. Sobald das Verlangen Erfüllung gefunden hat, verschwindet das Gefühl. Sex als solches betrachtet, scheint keinen allzu großen Wert zu besitzen. In gewisser Weise sind wir Menschen schlecht dran. – Wir haben sehr wenig Vergnügen, und dieses hält nicht lange an. Es gibt soviel, was dazwischenkommen kann, so viele Schwierigkeiten und Probleme, und wir sind oft enttäuscht oder nur teilweise befriedigt. Selten scheint es wirklich stimmig zu sein. Wir fühlen uns oberflächlich hingezogen, aber das, was wir als ›Glück‹ bezeichnen würden, fehlt.

Der Versuch, unsere Gefühle und Spannungen zu lindern, gleicht dem Versuch, einen unter der Haut liegenden Ausschlag zu kratzen. Es bringt scheinbar Erleichterung, aber die Reizung bleibt. Darum heißt es, daß die gewöhnliche menschliche Situation ihrem Wesen nach unbefriedigend ist. Deshalb sollten wir lernen, in jedem gegebenen Augenblick Befriedigung zu finden und nicht nur in kurzen sinnlichen Begegnungen.

SchülerIn: Irgendwie fühle ich mich mit mir nie so ganz zufrieden.
Rinpoche: Das geht nicht nur Ihnen so. So geht es den meisten von uns.

SchülerIn: Müssen wir uns denn damit abfinden, oder gibt es einen Weg, etwas Frieden zu finden?
Rinpoche: Es gibt kurze Zeiten des Glücks, so wie es Zeiten gibt, in denen wir eher untätig und uns keiner Sache richtig bewußt sind. Aber wir können unser Glück nicht halten und wissen oft nicht einmal, wohin es entschwunden ist. Auch wird unsere Zukunft zur Wiederholung unserer Vergangenheit. Obwohl wir uns nicht besonders glücklich fühlen, verhalten wir

uns weiterhin auf dieselbe Weise in der Hoffnung, irgendwie würde sich irgendwann einmal etwas ändern, und schließlich ist das Leben vorbei. Einige von uns sind unglücklich, ohne es überhaupt zu bemerken. Zumindest sind Sie sich bewußt, daß Sie manchmal nicht zufrieden sind. Das ist schon der erste Schritt.

SchülerIn: Sind Emotionen und Gefühle dasselbe? ˙
Rinpoche: Emotionen und Gefühle sind zwei grundlegend verschiedene Dinge. Wenn wir über unsere Sinne das erste Mal mit einem Gegenstand in Berührung kommen, entsteht in uns sofort ein ursprüngliches oder intuitives ›Gefühl‹ oder eine ›Empfindung‹. Augenblicklich beurteilen wir es, ordnen es ein und verdecken das, was *ist*, mit dem, was sein sollte. Das ist Teil unseres menschlichen Musters, mit dem wir Erfahrung in Begriffe fassen. Letztlich möchten wir über die Ebene des Interpretierens hinausgehen und für die Erfahrung selbst empfänglicher werden.

Emotionen haben eine stärkere Wirkung als Empfindungen und unterliegen mehr dem Willen, wohingegen Empfindungen weniger Kraft besitzen und körperlicher sind. Aber wir müssen diese Unterschiede erleben und nicht nur analysieren; es reicht nicht, unsere Emotionen und körperlichen Empfindungen zu beobachten. Unsere Erfahrung an sich ist wichtig.

Ich habe den Eindruck, daß im Westen, wenn von ›Geist‹ die Rede ist, nicht ›Geist‹ oder ›Bewußtsein‹ gemeint ist, sondern Geist als eine Art Kanal für die Sinne. Mit anderen Worten: Nach westlicher Denkart ist ›Geisterfahrung‹ oder ›Bewußtseinserfahrung‹ einfach eine weitere verfeinerte Form von Empfindung. ›Geist‹ ist jedoch jenseits von Empfindung.

SchülerIn: Manchmal fühle ich mich nach der Meditation gut, manchmal aber auch erschöpft.
Rinpoche: Es ist möglich, daß Sie es zu sehr versuchen, sich zu sehr anstrengen. Vielleicht sind Sie etwas zu intensiv – große

Ernsthaftigkeit kann einen etwas erschöpfen. Wenn wir unsere Muskeln verspannen, unseren Körper verkrampfen oder auch unsere Energie auf bestimmte erzwungene Weise lenken, kann uns das auch leicht ermüden. Am besten, wir atmen dann ein paarmal tief durch, entspannen und lockern uns. Dann lassen wir die Gedanken, die uns im Kopf herumgehen und uns Verspannungen oder Kummer bereiten, einfach los.

Es gibt Zeiten, wo wir ganz von selbst ruhig und entspannt sind und in der Meditation Freude und Frieden finden. Zu anderen Zeiten sind wir vielleicht schläfrig oder wir haben entweder sehr helle oder sehr dunkle Erfahrungen im Geist. Was auch geschehen mag, wir müssen *immer* aufmerksam sein, aber gleichzeitig darauf achten, den Geist nicht starr an etwas zu binden. Meditation ist ein sehr feiner Vorgang. Deswegen ist es wesentlich, von Anfang an Meditation richtig zu lernen. Sonst kann es lange dauern, bis wir mit Bewußtheit vollständig in Berührung gekommen sind. Für den Anfang ist es am besten, sich zu entspannen.

SchülerIn: Ist es besser, die Meditation abzubrechen, wenn man zu müde wird?
Rinpoche: In diesem Fall gibt es mehrere Möglichkeiten. Sind wir müde oder schläfrig und schweift unser Geist ab, kann es helfen, eine Zeitlang körperliche Übungen zu machen – zu gehen, zu atmen, sich zu strecken, um den Blutkreislauf anzuregen und Muskelverspannungen zu lösen – und sich dann wieder zu setzen. Wir können uns auch geistig lockern, uns von allen möglichen Spannungen und Problemen freimachen und versuchen, alle Blockaden zu durchdringen und über sie hinauszugehen.

SchülerIn: Sollen wir vorher festlegen, wie lange wir meditieren wollen?
Rinpoche: Das hängt von der jeweiligen Person ab. – Es gibt Menschen, die eine festgefügte Ordnung lieben. Sie meditieren

jeden Tag zur gleichen Zeit, am selben Platz, in einer ganz bestimmten Haltung. Andere meditieren lieber dann ein wenig, wenn sie gerade Zeit haben. Das Wichtigste ist jedoch, zu lernen, immer achtsam zu sein. Dann sind alle Handlungen durch meditative Bewußtheit inspiriert.

SchülerIn: Ist die Sitzhaltung von Bedeutung?
Rinpoche: Die Tradition lehrt uns, mit gekreuzten Beinen zu sitzen. Aber das ist nicht unbedingt erforderlich. In Indien gab es keine Stühle, und die Menschen saßen von Kindheit an mit gekreuzten Beinen auf dem Boden.
In einer Hinsicht ist die Haltung jedoch sehr wichtig. Physiologisch betrachtet ist eine aufrechte Haltung von größtem Wert, denn sie hält den Körper ruhig und ermöglicht es bestimmten Energien, zu fließen. Die Körperhaltung ist auch hier von den jeweiligen Vorlieben abhängig. Eine bestimmte Haltung kann sehr unbequem sein, und wenn der Geist sich nur mit dem Schmerz beschäftigt, ist es vielleicht besser, die Haltung zu ändern oder sich zu massieren und körperliche Übungen zu machen, um sich zu entspannen und ruhig weitermeditieren zu können. Andererseits ist es zuweilen erforderlich, in den Schmerz hineinzugehen, sich auf ihn zu konzentrieren und zu lernen, über ihn hinauszugehen.

SchülerIn: Erfordert Beharrlichkeit, gegen etwas anzugehen, was nicht natürlich ist?
Rinpoche: Vielleicht müssen wir beharrlich die verschiedenen Hindernisse aus dem Weg räumen, wenn unser natürlicher Zustand aus dem Gleichgewicht geraten oder aufgewühlt ist. Andererseits kann ein Mensch mit einem höheren Verständnis in der Beharrlichkeit selbst immer natürliche Zustände finden.
Unsere Anstrengung ist immer von unserem ›Selbst‹ beeinflußt. Wenn es kein Beharren mehr gibt, dann gibt es auch kein Selbst mehr. Zuerst kommt das Verständnis, dann die Erfahrung. Oder wir erfahren es zuerst und verstehen es dann. Er-

fahrungen, die wir nicht verstehen, sind wie das kurze Aufleuchten eines Blitzes: sie sind schnell wieder vergessen. Deswegen brauchen wir Führung.

SchülerIn: Ist es notwendig, sich vor Beginn der Meditation zu schützen, um keine negative Energie in sich aufzunehmen?

Rinpoche: Es ist schon möglich, daß wir auf dem ›Weg‹ in ein ›Meditationsfeld‹ negative Energie aufnehmen. Wenn wir jedoch von Vertrauen erfüllt sind, können wir die negativen Schwingungen in nützliche Erfahrungen verwandeln, sozusagen wiederverwerten.

SchülerIn: Wie geben wir die in der Meditation erhaltene Energie wieder frei?

Rinpoche: Das ist ein natürlicher Vorgang; daher gibt es keinen Grund, sich zu sorgen oder sich damit zu beschäftigen. Seien Sie einfach offen, und versuchen Sie nicht, sich krampfhaft zu konzentrieren. Wir geben die Energie wieder frei, indem wir das Erlebte nicht bewerten, es nicht mit unserem ›Selbst‹ identifizieren und das, was immer auch gerade geschieht, nicht so ernst nehmen.

Wir sollten lernen, fühlbar wahrzunehmen, daß alles Sein Teil eines Traumes ist. Wir sind sowohl der Träumer als auch der Traum, der geträumt wird. Wir sollten fühlen, entspannen und uns lockern und nicht zu angestrengt meditieren. Während der Meditation ist ›niemand‹ da, der meditiert. Niemand gibt dazu Kommentare ab oder wartet darauf, Informationen zu erhalten. Informationen weisen auf Beurteilungen hin – gute oder schlechte Meditation, angenehme oder unangenehme Gefühle – das sind alles Spiegelungen eines ›Jemand‹, der vom Hintergrund aus beobachtet. Eine Rakete, die in den Weltraum geschossen wurde, muß Informationen über Erfolg oder Mißerfolg ihrer Mission zur Erde funken. Aber bei der Meditation ist es nicht notwendig, Rückmeldung zu geben. Das stört nur die Meditation. Sind wir frei von Hoffnungen oder Erwartungen, dann fließt die Meditation – sie ist weder starr noch ernsthaft. Trotzdem *sind* wir in gewisser Weise ernsthaft, denn wir üben sehr konzentriert und sehr wach.

SchülerIn: Meditation scheint Anstrengung zu erfordern, und doch betonen Sie vollkommene Entspannung.

Rinpoche: Wenn wir richtig meditieren, können wir sehr konzentriert sein, ohne uns dabei im geringsten anzustrengen. Mit anderen Worten: Wir machen unseren Geist nicht an etwas ›fest‹, denn es gibt nichts, auf das wir uns konzentrieren, nichts, auf das wir zustreben, keinen Grund zur Anstrengung. Aber trotzdem gibt es keinen Fortschritt, wenn wir nicht anfangen und dabei bleiben. Wir *müssen* etwas tun, aber das Tun ist fast ein Nicht-Tun, weil es für das ›Selbst‹ nichts zu tun gibt. – Es gibt kein Selbst, das etwas tun könnte.

Heutzutage wird Wert darauf gelegt, bei allem herauszufinden, wie es zu tun ist, und dies erschwert es uns zu verstehen, was ›natürlich‹, was ›Meditation‹ und was das ›Absolute‹ ist. Obwohl es nichts gibt, was wir herausfinden müßten, müssen wir doch eine sehr klare, scharfe und genaue Bewußtheit entwickeln. Wenn dann das ›Ich‹ zur Seite tritt, können wir ›Meditation‹ erleben. Aber wenn wir nun denken, unsere Meditation liefe gut, führen wir uns erneut in die Irre, denn dieser Gedanke ist schon eine subtile Verhaftung an eine ›Position‹ in unserer Meditation, und das hält uns wiederum vom Meditieren ab.

Sind wir entspannt, sollte der Geist völlig offen sein, mit einer ausgeglichenen und freien Energie. Der Geist ist immer so angeregt. Wir klammern uns an eine bestimmte Denk-, Sicht- und Ausdrucksweise. Damit wollen wir uns selbst und anderen gefallen. All dies ist Teil unseres Selbstbildes, das sich fortwährend selbst erhält. Sobald wir vom Selbstbild Abstand nehmen, ist unser Geist frei, zu ›meditieren‹.

SchülerIn: Sehen Sie eine Beziehung zwischen den Auswirkungen der Meditation und schöpferischen Fähigkeiten?

Rinpoche: Ja, ich denke schon. Wenn der Geist glücklich und friedvoll ist, wird alles, jede Handlung, zu einer schöpferischen Äußerung. Wenn der Geist im meditativen Zustand reiner Bewußtheit verweilt – ohne begrenzende Urteile, Begriffe oder Interpretationen – dann ist alles Kunst, Musik und Schönheit. Von festgefahrenen Verhaltensmustern und negativen Ansichten befreit, werden alle Handlungen offen, unvermittelt und frei. Jede Handlung des Körpers und des Geistes wird zur Offenbarung und zum Ausdruck universeller Energie, die an sich äußerste Schönheit und Freude ist.

Einige vollendete Yogis zum Beispiel schreiben, zeichnen und musizieren sehr viel, denn sie vermögen Schönheit in jeder Seinsform zu entdecken. Da ist sowohl Musik als auch Kunst. Alles Sein ist die Verkörperung der Wahrheit. Alles ist natürlich und in sich vollkommen, und deswegen sind Nachahmung oder ich-bewußte Anstrengung nicht erforderlich.

Betrachten wir das Universum aus einer bestimmten Perspektive, ist unsere Sicht begrenzt. Aber wenn wir erkennen, daß alles ein allumfassendes Energiefeld ist, wissen wir, daß der Geist grenzenlos und alles Sein Teil des ›Himmels‹ ist. ›Himmel‹ bedeutet in Wirklichkeit, daß wir vollkommenes Verstehen erlangt haben und uns nicht mehr von unserer Erfahrung abtrennen. Aus dieser Sicht wird alles, Subjekt und Objekt, positiv und negativ, das Weltliche und Überweltliche, in Gleichmut vereint.

SchülerIn: Wie können wir wissen, ob wir spirituell wachsen?
Rinpoche: Spirituelles Wachstum ist Offenheit und Erfüllung. Meist suchen wir nach weltlicher Freiheit und Zufriedenheit. Wenn es jedoch kein ›Ich‹ gibt, wer wird dann befriedigt und wer befreit? Das gesamte ›Ich‹ wird befreit. Ohne ein ›Ich‹, ohne sich widersprechende Emotionen, Haltungen und Gewohnheiten, sind wir frei von allen Bindungen, aber möglicherweise erzählen wir es uns selbst nicht. – Das ›Ich‹ ist vielleicht nicht da, um zuzuhören. Mit einem ›Ich‹ ist eine Ent-

wicklung nur schwer möglich; ohne ›Ich‹ können wir uns entwickeln. Aber wer entwickelt sich ohne das ›Ich‹? Diese Frage kann Angst erzeugen. Ohne das ›Ich‹ gibt es kein Subjekt, kein Objekt, keine Zeit. Manche könnten dies für Wahnsinn halten; aber ohne das ›Ich‹ ist auch niemand da, der wahnsinnig werden könnte. Es gibt keine dämonischen Einflüsse oder jemand, der darauf reagieren könnte – nur ruhige Bewußtheit. Um dahin zu kommen, müssen wir einfach offen sein. Dazu ist keine besondere Anstrengung nötig. Die entsprechenden Erfahrungen geschehen, sobald wir uns nicht vom natürlichen Zustand unseres Seins ablenken lassen. Verbleiben wir ausgeglichen im Zustand natürlicher Bewußtheit, kann uns nichts Schaden zufügen. Wir können ohne die ›Unterstützung‹ des Egos gut und harmonisch zurechtkommen.

SchülerIn: Wie kann ich meine Meditation vom Einfluß des Egos befreien?

Rinpoche: Ein einfacher Zugang zur Meditation ist, ›alles zur Meditation werden zu lassen‹. Denken Sie nicht: ›Dies ist Teil meiner Meditation und jenes nicht.‹ Es gibt keine solche Unterscheidung. Meditieren Sie auf die einfachste, leichteste und unmittelbarste Weise. Seien Sie natürlich – natürlich bewußt, natürlich offen, natürlich lebendig. Je mehr wir das verstandesmäßig erklären wollen, desto länger wird es dauern, bis wir es verstehen. Solange wir uns unseres Selbst bewußt sind, ist es nicht einmal gut für uns zu meditieren, weil nämlich nur unser ›Selbst‹ meditiert. Dieses ›Selbst‹, das sich einbildet zu meditieren, hindert uns an wirklicher Meditation.

Sobald wir natürliche Bewußtheit verstehen, sind alle Teile unseres Geistes bereits in der Bewußtheit. Daher trübt das Ego diese Bewußtheit nicht, übt keinen Druck auf uns aus, befiehlt oder unterbricht uns nicht.

Doch das Ego ist sehr gewitzt. Es versucht ständig, auf sich aufmerksam zu machen und bezieht jede Erfahrung auf sich.

Dieses Selbstbewußtsein oder ›ichbezogene Denken‹ hängt immer an einer Identität: ›meiner Meditation, meiner Bewußtheit, meiner Erfahrung‹, es teilt alles in Subjekt und Objekt. Das Ego hat verschiedene Gesichter – stolze, herrschsüchtige und bedrohliche. Manchmal deutet es Erfahrungen und verteidigt sich selbst, manchmal formuliert es ›geheime‹ Absichten und Manöver, um sie dann zu erläutern. Das Ego hat viele Aspekte, die alle durch die Sinne kanalisiert werden – durch die Augen, Ohren und Empfindungen.

Wenn wir in den meditativen Zustand eintreten, so sind wir nicht mehr von den Sinnen abhängig; tatsächlich haben wir die Möglichkeit, über sie hinauszugehen. Gleichzeitig können wir das Tor zu jedem unserer Sinne öffnen – Sehen, Hören, Riechen, Schmecken, Fühlen, Bewußtsein – im meditativen Zustand arbeiten sie harmonisch.

SchülerIn: Wie können wir das Ego brechen?

Rinpoche: Sich mit dem Ego auseinanderzusetzen ist wie der Versuch, einen Tiger am Schwanz fassen zu wollen. – Solange wir nicht wissen, was wir tun, ist es gefährlich. Oft spielen wir nur bei dem Versuch, uns mit dem Ego auseinanderzusetzen. Schließlich fühlen wir uns verletzt und beginnen, uns sehr über uns selbst zu ärgern. Um das Ego herauszufordern, ist sehr viel methodisches Wissen notwendig. Wir müssen sanft anfangen und nicht direkt dagegen ankämpfen, denn Kämpfen erzeugt Enttäuschungen, die das Leiden vergrößern. Statt dessen müssen wir das Ego sorgsam und direkt *beobachten*. Dabei werden wir feststellen, daß Kämpfen nicht notwendig ist.

Oft geben wir dem Ego die Schuld an allem. Aber sobald wir dies tun, schaffen wir Konflikte. Konflikte treten auf, wenn wir das Ego nicht sorgsam beobachten oder wenn wir direkt versuchen, es zu bekämpfen. Vorübergehend können wir das Ego vielleicht erfolgreich kontrollieren, aber es wird uns wahrscheinlich nicht gelingen, über das Ego hinauszugehen. Können wir das nicht, wird das Ego stärker und mit noch mehr

Ärger zurückkommen. Kampf und Enttäuschung werden zu Polaritäten, die sich gegenseitig erhalten. Wir müssen das Ego geschickt berühren, anstatt es zu bekämpfen. Wir brauchen sehr scharfe und klare Selbstbeobachtung.

SchülerIn: Wie können wir Gedanken nutzen?

Rinpoche: Wir gehen auf zwei Arten mit Gedanken um. Sobald wir Gedanken ›greifen‹, identifizieren wir sie, aber erkennen sie nicht. Lernen wir jedoch, Gedanken zu erkennen, fangen wir an, Bewußtheit zu entwickeln.

Die Gedanken mancher Menschen ähneln Schlangen – sie winden sich zu einem Knoten. Aber selbst solche Gedanken können aufgelöst werden. Schlangen verknoten sich, aber wenn sie wollen, können sie völlig locker und damit automatisch entspannt sein.

Ist der Geist ruhig, sind Gedanken wie Zeichnungen auf einer Wasserfläche – bevor wir die Zeichnung beendet haben, fließen sie weg. Manche Menschen können einen Gedanken sehen, wenn er entsteht. Und dann vergeht er sehr schnell – wie Schnee in Kalifornien, der schmilzt, bevor er den Boden berührt hat.

Wenn wir meditieren, sollte unser Geist wie die Höhle Milarepas sein – schlicht. Als Milarepa in dieser Höhle lebte, war eine Tonschale, in der er Brennesseln kochte, sein einziger Besitz. Zwei Jäger, die tagsüber Rauch aus seiner Höhle hatten aufsteigen sehen, kamen nachts zurück, um Nahrung zu stehlen. Als sie die Höhle absuchten, lachte Milarepa und sagte: ›Ich bin ein Yogi und finde selbst bei Tageslicht kaum etwas Eßbares. Wie wollt ihr in der Dunkelheit etwas finden? Dies hier ist nur ein dunkler, leerer Ort. – Es gibt nichts, was man von hier wegnehmen könnte.‹ In der gleichen Weise werden negative Kräfte keinen Halt finden, wenn wir unseren Geist nicht mit Gedanken füllen. Sie können uns kein Leid zufügen.

SchülerIn: Können Sie etwas über mystische oder esoterische

Erfahrung sagen?

Rinpoche: In bezug auf die sogenannte ›mystische Erfahrung‹ und auf alles nicht für die Öffentlichkeit Bestimmte, Geheime und ›Okkulte‹ gibt es viele negative Assoziationen. Doch der Begriff ›geheim‹ wird falsch verstanden. Wenn ein gewisser Wachstums- und Entwicklungsprozeß noch nicht abgeschlossen ist, ist es zu früh, über ihn zu sprechen oder ihn zu konkretisieren. Auf lange Sicht ist es daher sinnvoller, darüber zu schweigen. Ist unsere Erfahrung ganz gefestigt, kann sie uns niemals wieder verlorengehen; aber bis dahin ist es wichtig, nicht darüber zu reden. Wir müssen das Gelernte zur Entfaltung kommen lassen und ihm die Zeit geben, zu wachsen und zu reifen.

Um diese Lehren verstehen zu können, müssen wir sie an uns selbst erfahren und sie im Alltag prüfen. Dieses große Potential

– dieser unerschöpfliche Reichtum – liegt nicht in einem entfernten Land, sondern in uns selbst. Aus diesem Grund sprechen wir von Selbstbefreiung und von Zufluchtnehmen zu uns selbst. Die Lehren selbst werden in uns lebendig. Sobald wir das verstehen, wird die unmittelbare Erfahrung zu unserer Lehrerin, und Bewußtheit hilft uns, unser Leben positiv und freudvoll zu gestalten.

Betrachten wir das Leben aus der Sicht von Bewußtheit, erkennen wir, daß unser Geist uns kraftvoll schützen kann. Er kann uns Sicherheit und Vertrauen schenken. Er kann unsere Zuflucht sein. Wir können den Kontakt zu Bewußtheit verlieren und sie nach und nach vergessen – aber trotz allem ist Bewußtheit jederzeit zugänglich. Wir haben eine Gelegenheit, dann eine weitere. Haben wir eine verpaßt, gibt es die nächste. Der Geist ist unser Zuhause. Aber es genügt nicht, dies zu wissen. Wir müssen durch das Tor gehen. Bis dahin ist ›Sein‹ nur ein weiteres Wort, wie ›Wissen‹, ›Weisheit‹ oder ›Esoterik‹. Ohne entsprechende Erfahrung haben diese Worte keine große Bedeutung.

Tieferer Meditation können wir mit Sprache nicht gerecht werden, denn sobald wir Erlebnisse verbalisieren und in Begriffe fassen, nehmen sie feste Gestalt an, und damit reißt Bewußtheit ab. Bis sich unsere Übung voll entfaltet hat, ist es besser, über unsere Meditationserfahrungen nur mit einem verwirklichten Lehrer, der uns helfen kann, zu sprechen. Sonst können unsere Erfahrungen ihre Bedeutung und ihre Kraft verlieren.

Normalerweise verspüren wir jedoch eine starke Neigung, unsere Erfahrungen in Worte zu fassen. Wir glauben, Erfahrungen seien nicht wirklich, solange wir nicht über sie sprechen oder sie deuten können. Wir haben Schwierigkeiten, einfach still zu sein, denn Stille irritiert uns. Obwohl es gelegentlich nützlich sein mag, über Probleme und Erfahrungen zu sprechen, kann dauerndes Reden unter Umständen sogar unser Haften an ihnen stärken, anstatt das Verständnis oder die Integration zu unterstützen. Deswegen ist es meist klüger, still mit ihnen zu arbeiten und nicht dem Drang nachzugeben, unsere Erfahrungen uns und anderen gegenüber zu verbalisieren.

Sobald wir Sprache und Worte dazu gebrauchen, Vorstellungen zu schaffen, trüben wir damit automatisch den gegenwärtigen Augenblick und machen ihn faßbar. Wir haben dann nicht mehr die Möglichkeit, ihn unmittelbar zu erfahren. Es ist unmöglich, mit Hilfe von Worten ›über‹ etwas hinauszugehen. Damit soll nicht gesagt sein, Worte seien wertlos, sondern nur, daß es nicht möglich ist, den gegenwärtigen Augenblick direkt zu erfahren, wenn wir uns auf Worte oder abstrakte Begriffe verlassen oder wenn wir versuchen, unsere Aufmerksamkeit in bestimmter Weise auszurichten.

Wir sollten also immer daran denken, daß jeder einzelne Gedanke kostbar ist. Seine Bedeutung ist bereits vom ersten Moment an da. Wir können mit wirklicher mystischer Erfahrung in Berührung kommen, denn sie ist nicht weit von uns entfernt. Sie ist in unseren Gedanken, in unserer Bewußtheit – im allerersten Augenblick. Wir sollten das genau betrachten. Wenn wir das tun, wird sich unsere gesamte Einstellung ändern. Unsere begrenzende und einschränkende Tendenz, uns als Selbst zu identifizieren, wird schwächer, unsere Wahrnehmungen und Vorstellungen verändern sich – so als ob wir ein Fenster öffnen und frische Luft hereinlassen würden.

VIERTER TEIL

BEWUSSTHEIT

Visualisation und Sehen

Visualisation fügt der Weise, wie wir die Welt wahrnehmen,
eine neue Dimension hinzu und
eröffnet uns eine neue Perspektive,
aus der wir unsere gewöhnliche Wirklichkeit betrachten können.

VISUALISATION ist ein Weg, um Bewußtheit, Konzentration und Klarheit zu entwickeln. Indem wir unser Bewußtsein auf bestimmte Bilder oder Symbole richten, können wir die geistigen Gebilde lockern, die unsere Wahrnehmungen bestimmen und einschränken. Dadurch öffnen wir uns erweiterten Dimensionen der Erfahrung und werden für unsere Emotionen weniger anfällig.

In fortgeschrittener Meditation, wenn wir nicht mehr so stark an Subjekt und Objekt gebunden sind, kann die Visualisation ohne Form oder Struktur geschehen. Da es jedoch einige Zeit dauert, bis wir gelernt haben, unseren Geist aus der Abhängigkeit von dualistischem Denken zu befreien, ist es hilfreich, uns anfangs auf bestimmte Objekte zu konzentrieren, um Konzentration und Visualisation zu entwickeln.

Traditionell beginnen Konzentration und Visualisation damit, sich auf einen symbolischen Buchstaben zu konzentrieren. Dann geht es weiter mit verschiedenen Symbolen, Bildern, Mandalas und Gottheiten, die alle bestimmte künstlerische Attribute und Eigenschaften besitzen. Wir beginnen den Prozeß, indem wir uns täglich zehn bis zwanzig Minuten lang auf das Visualisationsobjekt konzentrieren, bis wir das insgesamt vierzig bis fünfzig Stunden durchgeführt haben. Wenn wir das Bild sehr gelöst, mit völlig entspannten Augen, sehr ruhigem Atem und Körper betrachten und sehr empfänglich sind, verschmilzt das Bild schließlich mit unserer Bewußtheit.

Beginnen wir gerade mit der Visualisationspraxis, gelingt das Visualisieren manchmal gut, doch nach einiger Zeit kann das Bild instabil werden oder völlig verschwinden. Meistens jedoch fällt es uns gerade am Anfang schwer zu visualisieren. Üben wir aber weiter, wird das Bild immer klarer und die Visualisation verbessert sich. Selbst dann kann es vielleicht geschehen, daß nicht das gewählte Bild, sondern ein anderes erscheint, was irritierend sein kann. Deshalb müssen wir geduldig üben, denn es braucht Zeit, um diese Fähigkeiten zu vervollkommnen.

Zuerst erscheint eine Visualisation vor uns, als würden wir durch einen langen Tunnel oder eine dehnbare Röhre blicken. Obwohl dieses Sehen oder diese Bewußtheit sehr flexibel ist, vergessen wir oft das Bild oder verlieren es aus unserem Bewußtsein, so daß wir nicht in der Lage sind, die Visualisation präzise auszuführen. Manchmal ist aber auch das Bild einfach in Vollendung ›da‹, wenn wir unsere Augen schließen. Solch eine Visualisation braucht nicht wie ein Haus Stück für Stück aufgebaut zu werden. Sie erscheint von selbst – ein vollendetes Bild. Wenn wir es sehen, ist es nicht notwendig, daran etwas zu verändern. Wir können es einfach so belassen wie es ist. Diese Spontaneität ist der Keim der Visualisation.

Versuche zum Beispiel die heilende Farbe Türkis innerlich zu visualisieren. Kannst du sie nicht sehen, dann *fühle*, daß du sie siehst. Diese Art des Sehens ist wunderbar. Nimm es einfach an, und dieses Annehmen wird dir helfen, die Farbe zu sehen. Siehst du sie immer noch nicht, überzeuge dich sanft davon, daß du vollkommen und wunderbar siehst. Und obwohl du vielleicht immer noch nichts siehst, kannst du die Qualität und das Ausmaß der Erfahrung fühlen. Verweile im gegenwärtigen Augenblick, dann kommt die Visualisation schließlich von selbst.

Visualisation und Imagination haben eine gewisse Ähnlichkeit. Imagination ähnelt jedoch mehr einer Erinnerung oder geistigen Projektion, während Visualisation von selbst geschieht und einem dreidimensionalen Sehen in alle Richtungen gleicht. Visualisation ist ein feinerer, höher entwickelter, dynamischer Vorgang. Bei der Imagination können wir die ursprüngliche Leuchtkraft der Farben, Formen, Klänge und des Schmeckens nie ganz erreichen. Visualisationen sind jedoch manchmal so scharf umrissen und strahlend, daß sie unsere gewöhnlichen Wahrnehmungen übertreffen. In diesem Feld der Visualisation ist kein Objekt alltäglich.

Wenn wir mit der Visualisationspraxis beginnen, zeigt sich das Bild im allgemeinen nur in schwachen Umrissen. Nach und nach lernen wir, Farben und Formen schärfer zu sehen. Es ist schwierig, die gesamte Visualisation auf einmal zu schärfen, aber mit der Zeit werden die Farben sehr lebendig und klar. Das Lichtspektrum erscheint als reiche und elektrisierende Farbe, und Figuren erscheinen nicht als leblose Bilder, sondern als lebendige Formen.

Verbessern sich unsere Fähigkeiten, können unsere Visualisationen sehr komplex werden – mit vielen Bildern, die in einem verschmelzen oder einem, aus dem sich viele entfalten. Wir können ein einzelnes Bild oder Mandala entwickeln, das das gesamte Universum enthält – alles fügt sich vollkommen zusammen. Wir können beginnen, das Wesen allen Seins und aller Erscheinungen – Zeit, Raum und Wissen – zu verstehen. Bei der Visualisation erleben wir vielleicht etwas Außergewöhnliches, das der rationale Verstand nicht erklären kann. Wir wissen jedoch, daß alles, was wir sehen, wahr ist, denn wir erfahren das harmonische Wirken natürlicher Gesetze.

Anfänglich achten wir bei der Visualisation auf Form und Farbe. Später jedoch erscheint das Bild natürlich und spontan in unsrem Geist. Zuerst schauen wir uns das Bild als Teil unserer Meditation oder Konzentration an, aber mit der Zeit können wir schließlich unseren Geist so darin üben, daß wir das Bild in uns selbst sehen. Später ist es nicht einmal mehr notwendig, eine Vorlage anzuschauen oder die Augen zu schließen, und dennoch sehen wir das Bild. Es wird innerhalb unserer Bewußtheit lebendig.

Wenn wir etwas visualisieren, sehen wir mit unserer Bewußtheit, nicht mit den Augen. Deswegen erscheint das, was wir ›sehen‹ anders, als bei unserem gewöhnlichen Sehen. Obwohl wir anfangs ein Bild in einer bestimmten Weise sehen, wird die genaue Form des Bildes belanglos, sobald wir unsere Fähigkeit zu visualisieren entwickelt haben, denn die Qualität des ›Sehens-an-sich‹ besteht fort. Das Bild selbst ist transzendiert; Bewußtheit bleibt jedoch und nährt unseren Geist und unsere Gefühle. Diese Bewußtheit gibt unserem täglichen Leben mehr Bedeutung.

Das Ziel der Visualisation ist es, unsere Bewußtheit zu entfalten, damit wir überall und bei allen unseren Tätigkeiten aufmerksam und wach sind wie ein lauschendes Reh. Wenn wir mit dem Vorgang der Visualisation vertraut sind, können wir zwischen dieser Erfahrung und dem gewöhnlichen Wahrnehmungsvorgang Vergleiche anstellen und so lernen, die gewöhnliche Wirklichkeit unseres Wachbewußtseins besser zu verstehen. Wir können unsere Bewußtheit erwecken, um zu erkennen, wie Täuschungen im Geist wirken. Wir können diese Bewußtheit entwickeln, um alles Wissen in unserem Bewußtsein wahrzunehmen. Auf diese Weise fügt die Visualisation der Weise, wie wir die Welt wahrnehmen, eine neue Dimension hinzu und eröffnet uns eine neue Perspektive, aus der wir unsere gewöhnliche Wirklichkeit betrachten können.

Je vertrauter wir mit der Visualisationspraxis werden, desto mehr werden wir gewahr, daß das, was wir ›real‹ nennen, selbst einer Visualisation ähnelt. Diese Erkenntnis kann unsere gesamte Denkweise ändern und unsere Fähigkeit verbessern, das transparente Wesen des Ich und der materiellen Gegenstände zu erkennen. Sind wir uns dessen bewußt, können wir sogar unsere emotionalen Hindernisse in positive Energie verwandeln.

Wir können dieses ›Sehen-an-sich‹ unserer Visualisation benutzen, um uns auf verschiedene Bewußtheitsebenen in den unterschiedlichen Körperzentren zu konzentrieren. Das hilft uns, die Energien unseres physischen Körpers zu öffnen und emotionsbedingte Spannungen zu lösen. Wenn wir uns mit unseren Problemen auseinandersetzen, betrachten wir sie oft nur aus einer Perspektive oder sehen nur eine Dimension und sind unfähig, Alternativen zu erkennen. Da eine komplexe Visualisation aus einem einzigen Gedanken bestehen kann, können wir nun lernen, die vielen verschiedenen Eigenschaften jedes Gedankens zu sehen.

Durch Visualisation kann uns unsere Bewußtheit drei, vier oder fünf Dimensionen einer einzigen Erfahrung eröffnen. Auf einer Ebene erfahren wir vielleicht physischen Schmerz; auf einer anderen Ebene empfinden wir den Schmerz möglicherweise als angenehm; auf einer weiteren Ebene kann das Gefühl neutral sein, weder schmerzhaft noch angenehm. Auf noch einer weiteren Ebene geschieht vielleicht gar nichts, da wir über den Schmerz, das Angenehme und die Erfahrung selbst hinausgegangen sind. Betrachten wir eine Erfahrung unter diesen verschiedenen Blickwinkeln, können wir lernen, positive, heilende Energie in problematische Bereiche zu lenken. Wir können Unheilsames in Heilsames verwandeln.

Wenn wir visualisieren, erfahren wir ›unmittelbares Sehen‹. Sind wir ausreichend entspannt, dann können wir dieses ›Sehen‹ durch unsere unmittelbare Erfahrung entdecken. Dies geschieht durch Lockerung der Muskelspannung um die Augen. Ohne zu blinzeln lassen wir den Blick sanft werden, als wollten wir etwas ruhig anschauen. Danach ist für Sekundenbruchteile ›Sehen‹ da.

Auf der Ebene des Bewußtseins sind die Sinne ununterbrochen damit beschäftigt, Objekte zu interpretieren; aber sobald die Sinne durchlässiger und wacher werden, nicht eines bestimmten Objektes bewußt, entsteht Bewußtheit. Ist diese Bewußtheit entwickelt, erscheint die Qualität des ›Sehens‹ von selbst. Bewußtsein ist eine Art Betrachten, während Bewußtheit eine Art Sehen ist. Je mehr wir Bewußtheit entwickeln, desto heller und empfänglicher wird sie. Je mehr wir das Sinnesbewußtsein stärken, desto dunkler, schwerer und bedrückter wird unsere Bewußtheit.

In unserem Leben erfahren wir oft zahllose Spannungen, Schuldgefühle und Leiden. Die Welt kann uns zuweilen schrecklich erscheinen. Das Berufsleben ist vielleicht eintönig, in der Familie gibt es Probleme oder unsere finanzielle Lage ist bedrängend. Sobald wir aber die Fähigkeit des *Sehens* entwickeln, wird jede Situation zunehmend interessanter und leichter zu handhaben, weil wir sie unter mehreren Gesichtspunkten betrachten können. Unsere Erfahrung wird beweglicher. Wir können unsere Gedanken öffnen und entdecken viele wertvolle Eigenschaften in ihnen. Normalerweise sind unsere Gedanken so subtil und schnell, daß wir sie nicht greifen können. Doch wenn wir diese neue Dimension betreten, werden wir für diese neue Wirklichkeit empfänglicher. Wir brauchen sie nicht begrifflich festzulegen, denn wir *wissen* es unmittelbar. Zu Beginn ist dies wirklich eine phantastische Entdeckung. Aus nur einem Augenblick der Bewußtheit heraus können wir eine neue Energieebene erreichen – ein anderes Universum. Wir können entdecken, daß der menschliche Geist ein großes Potential und enorme Schätze in sich birgt und daß er unser bester Freund ist.

Haben wir dies selbst erfahren, fragen wir uns vielleicht, wie wir jemals so unglücklich und verwirrt sein konnten. Möglicherweise betrachten wir immer noch bestimmte Situationen oder Probleme von einem festen Standpunkt aus. – Das bedeutet, daß wir noch etwas klären müssen. Wir wissen, daß es eine andere Art des Betrachtens, des Erlebens, des Seins gibt. Warum sollten wir uns weiterhin unsere gegenwärtige Erfahrung verderben? Sehen wir den Unterschied zwischen unserer gewohnten Art des Erlebens und dieser neuen, offenen Weise, können wir erkennen, wie wir uns selbst getäuscht und verwirrt haben. Durch die Entwicklung von Bewußtheit lernen wir, unsere gewohnte Weise, mit Situationen umzugehen, loszulassen. Wir sehen, wie die alten Muster zu entstehen beginnen und brechen den Prozeß sofort ab. Jede Erfahrung ist neu, obwohl sich unsere Situation auf der physischen Ebene vielleicht nicht verändert hat.

SchülerIn: Sind Bewußtheit und Sehen dasselbe?

Rinpoche: Ja. Während sich unser Verständnis entwickelt, fügt sich schließlich alles zu einem vollendeten Muster. ›Betrachten‹ und ›Sehen‹ sind jedoch zwei verschiedene Dinge; ›bewußt sein‹ und ›sich einer Sache bewußt sein‹ ebenso. ›Sich einer Sache bewußt sein‹ ist Aufmerksamkeit gegenüber Gedanken oder berührbaren Objekten. Vollkommene Bewußtheit jedoch ist inhaltslos. Sie berührt nichts – sie ist einfach vollkommen bewußt.

SchülerIn: Ist Visualisation Bestandteil des Gedächtnisses?

Rinpoche: Auf der relativen Ebene existiert Zeit. Auf einer höheren Ebene gibt es keine Zeit. Bewußtheit ist ein Ganzes – wie eine Kugel: innen und außen, Vergangenheit, Gegenwart und Zukunft sind dasselbe. Deshalb sind Visualisationen keine Erinnerungen, obwohl wir sie vielleicht manchmal so wahrnehmen oder sie als solche interpretieren.

SchülerIn: Ich bin mir nicht sicher, ob ich den Unterschied zwischen dem Heraufbeschwören eines Bildes, dem Wachrufen einer Erinnerung und einfachem ›Sehen‹ verstehe. Es scheint mir alles dasselbe zu sein.

Rinpoche: Eine Art des Sehens basiert auf vergangenen Erfahrungen – Wahrnehmungen, Bildern und Erinnerungen. Eine andere Art des Sehens hat keine besondere Form, aber Erinnerungsbilder können sich damit vermischen. Sobald wir *an* etwas denken, schaffen wir sofort ein Bild von dem Gedanken. Gedanke und Bild existieren gleichzeitig – wie eine Mutter und ihr ungeborenes Kind. Wir alle sind an unsere Erinnerungen gebunden. ›Sehen‹ kann deshalb viele spezielle Bilder aus unseren vergangenen Erfahrungen einschließen. Im allgemeinen jedoch trüben Bilder die unmittelbare Erfahrung, verhindern den spontanen Fluß der Gedanken und nehmen der Meditation positive Energie. Aber wir können Bilder auch umwandeln, indem wir sie erhitzen, ihre Energie verdampfen lassen und ihre Gestalt einschmelzen, so daß ihre Form nicht länger existiert. Die Bilder werden zu reinem Wissen, reinem Sehen und reiner Bewußtheit. Es ist jedoch auch möglich, daß wir ohne Bilder ›sehen‹, so daß unser Sehen in Bewußtheit verwandelt wird. Damit dringen wir in das Wesen allen Seins ein. Wir gehen über Zeit hinaus und erkennen, daß Vergangenheit, Gegenwart und Zukunft eins sind. Wenn wir das verstehen, können wir auch verstehen, wie der Geist arbeitet.

SchülerIn: Bei der Visualisation eines Bildes habe ich den starken Duft von Apfelblüten gerochen – so wie in meiner Kindheit. Ich frage mich, ob Visualisation nicht auch Gefühl, Tastsinn, Geschmackssinn und Geruch mit einschließt?
Rinpoche: Ja, alles. Trotzdem glaube ich, daß Sie vielleicht nur oberflächliche Eindrücke aufgegriffen haben, ohne den Hintergrund deutlich wahrzunehmen. Während der Duft der Blumen bestehen bleiben darf, können Sie auch Ihre Umgebung sehen – den Garten, die Bäume, die Umrisse der Landschaft, wie Sie umhergingen oder was Sie morgens oder abends taten. Erinnerungen, die Sie längst vergessen glaubten, können wieder auftauchen.

SchülerIn: Ich habe einmal versucht, eine Blume zu visualisieren und hatte Schwierigkeiten damit. Dann kam mir der Gedanke, ein Streichholz anzuzünden, um sie sehen zu können.
Rinpoche: Das ›Sehen‹, auf das wir uns beziehen, hat nicht unbedingt etwas mit physischem Sehen zu tun. ›Sehen‹ bedeutet, den rationalen Verstand beiseite zu lassen und gelöst und ausgeglichen zu bleiben. Dann kommt die Erfahrung unmittelbar

zu uns. Etwas ist ungewöhnlich, und das ist der Anfang von
>Sehen‹.

SchülerIn: Könnte das auch eine Bewußtheit von Geräuschen
oder von anderen Dingen um uns herum sein?
Rinpoche: Ja, aber Bewußtheit bringt nicht unbedingt die
Wahrnehmung von Objekten mit sich. Der Unterschied ist:
Haben wir Bewußtsein ›von‹ einem Bild oder einem Geräusch,
sind wir immer noch von einem Objekt abhängig, da wir eine
Beziehung zu ihm haben. Diese an das Bewußtsein gebundene
Bewußtheit besitzt eine Energie, die das Objekt, dessen wir uns
bewußt sind, subtil ergreift und trägt. – Damit hält sie uns gefangen. In diesem Prozeß verlieren wir ständig Energie. Sind
wir uns jedoch nicht ›einer Sache‹ bewußt, sondern ist da einfach vollkommene Bewußtheit, sind unsere Energie und unser
Wissen frei und integriert.

Wenn die Visualisation sehr entspannt ist, geschieht ›Sehen‹,
obwohl wir nicht notwendigerweise Bilder sehen werden. Das
›Sehen‹ ist die Erfahrung, nicht ihre Deutung. Ist ›Sehen‹ Teil
unseres Lebens geworden, sehen wir weiterhin die Welt um
uns herum, aber wir halten nicht länger an den Formen oder
Bildern, die wir sehen, fest. Obwohl Ihnen das vielleicht im
Moment nicht klar verständlich ist, werden Sie es eines Tages
verstehen. – Die Erfahrung wird für sich selbst sprechen.

SchülerIn: Manchmal scheint Bewußtheit aufzuhören oder
sehr ruhig zu werden ...
Rinpoche: Richtig. Das ist wirkliche Erfahrung. Wir können
die Qualität manchmal auch spüren, wenn wir sehr zornig oder
besorgt sind, denn in diesem Moment ist der Geist sehr wach,
und was auch immer wir anschauen, hat eine besondere
Leuchtkraft. Wenn unsere Bewußtheit eingerichtet ist, können
negative Kräfte uns nicht aus dem Gleichgewicht bringen. Bewußtheit hat die Eigenschaft der Ganzheit – sie ist unteilbar. Sie
ist leuchtend und vollkommen wie ein Diamant.

Es gibt Übungen, um die Energie unserer Bewußtheit zu steigern und zu verfeinern sowie unsere Meditation zu stärken: Wir können beispielsweise Zorn aufsteigen lassen, ohne innerlich darin verstrickt zu sein. Bestimmte mitfühlende Gottheiten können sich in zorniger, schreckenerregender Gestalt zeigen, ihre innere Haltung ist jedoch immer friedvoll. Ein Gefühl kann sehr stark sein, ohne daß damit Qualen oder Unbehagen, Schmerz oder Isolation, Zerstörungswut oder innere Verstrickungen verbunden sind. Diese Flexibilität ist wichtig. Führen wir diese Übung jedoch über einen langen Zeitraum aus, ist es schwierig, im Gleichgewicht zu bleiben. Deshalb ist es besser, sie nicht zu oft oder zu lange zu machen.

In jedem Augenblick des Tages gibt es Emotionen, mit denen wir arbeiten können, und jede Situation ist sehr nützlich, um unsere Energien zu erneuern oder wieder aufzuladen. Es geht nicht darum, uns zu *ermahnen*, bewußt zu sein – Bewußtheit ist bereits da. Wir brauchen uns nicht davon berichten, denn wenn wir das tun, verlieren wir sie. Es ist sehr schwierig, die ganze Zeit achtsam zu sein, aber selbst wenn wir es manchmal vergessen, können wir immer im nächsten Augenblick wieder damit beginnen. Der Augenblick selbst ist die Bewußtheit.

Entscheidend ist, in jeder Situation unseres täglichen Lebens zu versuchen, bewußt und flexibel zu sein. Wir meinen vielleicht, wir sollten uns zum Meditieren zurückziehen und *dann* praktizieren. Die Lehren sind jedoch nicht bestimmten Zeiten vorbehalten. Wir können sie jederzeit üben – jeder Aspekt der Erfahrung ist nützlich. Es gibt keinen Grund anzunehmen, wir könnten die Übung zeitweise beiseite legen. Das Leben selbst ist die lebendige Übung.

SchülerIn: Wenn Sie sagen, jeder Gedanke sei kostbar, meinen Sie dann, daß wir nicht zwischen guten, schlechten oder neutralen Gedanken unterscheiden sollten?
Rinpoche: Richtig. Jede unserer Erfahrungen ist wertvoll. Wir sind schon in unser wahres Wesen hineingeboren. Jeder einzel-

ne Gedanke trägt die Botschaft, die Kraft und das Wissen. Deshalb ist jeder einzelne Aspekt unserer Erfahrung kostbar. Es gibt nichts zu verwerfen.

Der Geist erzeugt eine Art Bewegung, da Gedanken und Bilder ununterbrochen in ihm kreisen – und diese Bewegung erzeugt eine bestimmte Energie. Wir können auch sagen, daß der Geist sich eigentlich selbst in Gang hält; das Fließen erneuert sich selbst. Außerdem ist der Geist nicht fest. Er ist nicht nur eine Ansammlung von Wahrnehmungen oder Selbstbildern, sondern ein sich entfaltender Prozeß. Da ist nichts, das aus dem Hintergrund beobachtet und dem Geist Botschaften sendet. Der Geist arbeitet ohne Ausgangspunkt, ohne Grundlage oder Substanz. Er ist an sich nichts Wirkliches. – Der menschliche Geist kann in seinem Wirken fast magisch erscheinen.

Visualisation arbeitet in ähnlicher Weise. Ein Bild erscheint, und wir meinen, irgendwo müsse etwas vorhanden sein, was das Bild erscheinen läßt; aber da ist nichts. Das ist die magische Eigenschaft des Geistes. Haben wir diese Kraft des Geistes erkannt und sind mit ihr vertraut, können wir sie lenken und für höhere Zwecke nutzen. Stauen wir zum Beispiel das Wasser eines Flusses, kann das zur Erzeugung von Elektrizität sehr wertvoll sein. Bevor es nicht nutzbar gemacht wurde, hat das Wasser nicht diesen Wert. Wenn wir unseren Geist nicht richtig nutzen, geht uns seine Energie verloren. Nutzen wir ihn jedoch sinnvoll, erschließt er uns weit größere Schätze, als wir uns je erträumt haben. Der menschliche Geist enthält ein großes Potential; da er jedoch sehr undiszipliniert ist, kann er sich gewöhnlich jeweils nur mit einer Idee oder Vorstellung beschäftigen. Visualisation kann eine große Hilfe sein, um die Energie und Kraft, die zur Übung, Stärkung und Entwicklung des Geistes notwendig sind, in richtige Bahnen zu lenken.

Die beste Visualisation entwickelt sich von selbst. Beginnt der Visualisationsprozeß richtig zu wirken, tritt möglicherweise eine Reihe von ganz natürlichen Phänomenen auf. Bestimmte Übungen können äußerst starke Wirkungen haben.

Einige von ihnen können für unsere körperliche und geistige Gesundheit gefährlich werden, wenn wir sie erzwingen wollen und nicht verstehen, was wir tun. Werden diese Energien nicht sinnvoll verwendet, werden sie entweder einfach stagnieren und sind verschwendet – oder, noch schlimmer, sie können sogar schaden. Deshalb ist es wichtig, sehr sorgsam mit diesen Energien umzugehen und sie auf eine Weise zu integrieren, daß sie uns wirklich nähren können.

Die durch Visualisation gelenkte geistige Energie ist sehr kraftvoll und kann manchmal sehr erschreckend sein. Bestimmte furchterregende Formen erscheinen vielleicht vor uns – aber sie sollen uns keine Angst einjagen, sondern uns nur lehren, daß die von ihnen verkörperten Zustände Teil der Natur unseres Geistes sind und daß sie, wenn wir sie richtig nutzen, positive geistige Energie erzeugen können. Visualisation lehrt uns, unseren gesamten Geist zu nutzen.

Sobald wir wissen, wie wir Visualisation anwenden können, lehrt uns die Visualisation selbst, wie wir vorzugehen haben. Erklärungen auf begrifflicher Ebene sind nicht länger erforderlich, denn Zweck, Wert und Sinn offenbaren sich wie in einem automatischen Rückkopplungssystem. Visualisation entfaltet sich von selbst, ohne Eingabe neuer Informationen. Dem Geist muß nicht gesagt werden, wie er meditieren oder visualisieren soll; er tut es bereits auf vollkommene Weise.

Meditative Bewußtheit

Haben wir einmal meditative Bewußtheit berührt,
lösen sich alle unsere Fragen auf,
denn sowohl die Fragen als auch ihre Antworten
liegen in der Meditation begründet.

MEDITATIVE BEWUSSTHEIT hat drei grundlegende Eigenschaften: die erste ist Ruhe, die zweite Offenheit, die dritte Harmonie. Üben wir Meditation, werden wir von selbst ruhig, entspannt und fühlen uns wohl. Wir empfinden Meditation als sehr besänftigend und angenehm.

Haben wir uns Entspannung einmal als tragfähige Grundlage erschlossen, so entstehen Offenheit und Akzeptanz, die von allen Zweifeln, Sorgen und Urteilen befreit sind. Wir befassen uns nicht so sehr mit der ›Meditation‹ und dem ›Meditierenden‹ oder mit ›richtigem‹ oder ›falschem‹ Vorgehen. In diesem natürlichen Zustand der Meditation gibt es keine Fragen mehr.

Wenn wir uns von unseren Verhaftungen und von unserem Greifen lösen, begegnet uns ein Gefühl von Klarheit, Harmonie und Ganzheit – eine erwachte Empfindung, die außergewöhnlich schön ist, wird lebendig. Dann können wir unsere Gedanken und Emotionen sehr klar erkennen, ohne von ihnen abgelenkt oder gestört zu werden.

Spüren wir einmal diese drei Eigenschaften der Meditation, entdecken wir ihren Einfluß in jedem Gedanken, jedem Wort und jeder Handlung unseres täglichen Lebens. Wir haben ein ›erwachtes‹ Gefühl von Freude, Klarheit und Erfüllung in einer Art klaren Sehens. Wenn wir Meditation erfahren, nimmt Bewußtheit zu bis sie wirklich Teil von uns wird.

In reiner Bewußtheit gleicht unsere Meditation offenem Himmel, leerem Raum. Es gibt weder Subjekt noch Objekt. Konzentrieren wir uns auf bestimmte Objekte, beziehen wir uns in einer dualistischen Weise auf Raum. Wir betrachten Objekte unter dem Blickwinkel geistiger Muster, die wir entwickelt haben, um unsere Sicht der Wirklichkeit bewerten und von anderen unterscheiden zu können. Diese geistigen Schablonen rufen eine Vielfalt von Subjekt-Objekt-Beziehungen auf den Plan. Verlangen, Greifen und Ruhelosigkeit entstehen und bringen das Ego hervor.

Reine Bewußtheit ist vom allerersten Augenblick an da, noch bevor diese anfänglichen Muster sich bilden. Wenn wir zum Beispiel morgens aufwachen, nimmt unser Seh- und Hörvermögen und der Tastsinn unsere Umwelt sehr frisch und scharf wahr. Aber dann beginnen wir, uns ›Sinnes-Geschichten‹ zu erzählen, wie Kindermärchen. Unsere Bewußtheit fragt: ›Wem gehören denn diese Sinne?‹, und plötzlich denken wir: ›Wer gehört denn zu diesem »Ich«? Wer sieht, hört und fühlt?‹ Wir erkennen nicht, daß dies alles Teile eines natürlichen Gesamtvorganges sind. Statt dessen treten wir dazwischen und sagen: ›Ich sehe. Ich höre. Ich fühle.‹ Damit beginnt das subjektive Erfassen von Erfahrung in Begriffe, denn dieser ›Mir-Gehörende‹ benötigt immer etwas oder jemanden, an dem er sich festhalten kann.

So wird das Ego geboren. Es beginnt damit, daß wir ein ›Ich‹ oder ›Selbst‹ konstruieren, das sich seines ursprünglichen Zustandes der Freiheit von einem Selbst nicht bewußt ist. Mit dem Ego entsteht also Getrenntheit und Abhängigkeit. So entwickelt sich theoretisch das ›Ego‹. Praktisch bedeutet das, daß jeder vergangene Augenblick im gegenwärtigen ständig verstärkt wird, wodurch das Ego sehr starke Gewohnheitsmuster entwickelt. Es unterteilt und trennt Erfahrung immer mehr, bis sich eine ganz bestimmte Weltsicht herauskristallisiert hat. Unsere Sinneswahrnehmungen stimmen schließlich mit dieser Sichtweise überein, so daß wir nicht länger wirklich ›sehen‹

können. Wir haben Schwierigkeiten, erneut Zugang zu reiner Bewußtheit zu finden, weil wir von unseren Vorstellungen kontrolliert werden und diese Vorstellungen Getrenntsein verursachen. Mit anderen Worten wird die Frage: ›Wer handelt?‹ beantwortet mit: ›Der »Handelnde« ist das »Ich«, das »Selbst«.‹ Dieses Selbst ist eigentlich ein Teil der Bewußtheit, weil es sich aus ihr heraus manifestiert. Diese Zusammenhänge können wir jedoch nicht mehr erkennen, und so erzeugen unsere Deutungen und Begriffe einen engen, begrenzten Geist.

Es ist gar nicht leicht, über diese Ebene der Begriffsbildung hinauszugehen und den nicht-diskursiven Zustand tatsächlich zu erleben. Der Geist oder das Bewußtsein bezieht sich immer auf ›mich‹ – auf einen subjektiven Standpunkt. Wenn wir bewußt meditieren, dann meinen wir, die Anweisungen sind für ›mich‹, weil ›ich‹ der Meditierende bin oder weil sich dieses ›Ich‹ – das Subjekt – in Meditation befindet. Es fällt uns schwer, zu akzeptieren, daß der einzige Weg zu meditieren im ›Loslassen‹ aller vorgefaßten Meinungen und Erwartungen besteht und wir ›einfach nur sein‹ müssen. Wenn uns das gelingt, erkennen wir, daß Meditation bedeutet, einfach im gegenwärtigen Augenblick zu leben und sich nicht weiter mit Erinnerungen an die Vergangenheit oder Erwartungen an die Zukunft zu beschäftigen. Dabei müssen wir jedoch achtgeben, daß wir nicht am gegenwärtigen Moment festhalten. Wir müssen jeden Standpunkt – auch den gegenwärtigen – loslassen.

Wo auch immer wir hingehen, was auch immer wir tun, sobald wir aufhören, nach unserer Erfahrung zu greifen, können wir unsere Bewußtheit entwickeln und uns eine unermeßliche Schatzkammer des Wissens erschließen, die uns von da an von selbst führen wird. Klammern wir uns nicht länger an unsere Erfahrungen, so gehen wir über das ›Ego‹ hinaus und erleben dadurch Bewußtheit. Meditative Bewußtheit hat keinen Standpunkt, sie ›gehört‹ zu nichts und niemandem, weder zum Geist noch zum Bewußtsein. Bewußtheit ist nicht an Begriffe gebunden und hängt nicht von Anweisungen ab. Sie konzentriert sich nicht auf irgendein bestimmtes Objekt. Innerhalb der Bewußtheit werden wir sogar frei von der ›Vorstellung‹ zu meditieren.

In unserer Meditation gefällt uns das Gefühl, etwas Wichtiges zu tun, eine bestimmte Erfahrung zu schmecken – wie die der Schönheit, Freude oder Ruhe. Dieses Festhalten an Erfahrungen fesselt uns an unser gewöhnliches Bewußtsein. Wir müssen daher dieses Greifen aufgeben – dieses Sammeln und Kommentieren von Erfahrungen. Wir müssen diese sehr subtilen Ebenen des Anhaftens durchschneiden und jenseits aller Standpunkte gelangen – jenseits unserer Sinne, jenseits aller Konzepte, jenseits von Meditation.

Bis wir Nicht-Verhaftetsein entwickelt haben, werden wir immer mit unseren Vorstellungen, Zweifeln und Emotionen, unseren Fragen, ob wir richtig meditieren, ob wir Fortschritte machen oder ob wir Erleuchtung erlangen können, zu kämpfen haben. Doch Erleuchtung tritt nicht ein, da wir noch so sehr an unseren Begierden und Erwartungen hängen und unsere Bewußtheit nicht frei ist.

Zuerst ist es also wichtig, in unsere Konzentration einzudringen und so gut wir können, selbst die subtilsten geistigen Verhaftungen loszulassen. Erleben wir Bewußtheit und lassen die natürlichen Energien von Körper und Geist zur Entfaltung kommen, tauchen vielleicht Gedanken auf – jedoch sind sie Teil der Bewußtheit, und wenn wir nicht nach ihnen greifen, leuchten sie nur kurz im Vorüberziehen auf. Nur wenn wir uns von ihnen beeindrucken lassen und nach ihnen greifen, verlieren wir Ausgeglichenheit und Bewußtheit. Jedesmal wenn wir versuchen, nach einem Gedanken zu greifen, entfernen wir uns etwas mehr von Bewußtheit. Es ist, als wollten wir auf den Ast eines Baumes klettern, um einen Apfel zu erhaschen: wenn wir uns zu weit vorwagen, geraten wir aus dem Gleichgewicht und fallen.

Immer wenn Gedanken oder Beurteilungen auftauchen, können wir sie also getrost loslassen. Wir können uns vom

›Meditierenden‹, von der ›Meditation‹ und vom ›Meditationsobjekt‹ trennen. Erlauben wir der positiven Energie dieses natürlichen Zustandes unseres Geistes, frei zu fließen, beginnen auch die Körperenergien frei zu fließen. An diesem Punkt fällt uns meditieren leicht, da es nichts mehr zu üben gibt, nichts zu tun und nichts zu erreichen. – Es gibt nur die Fülle des Seins. Unsere Erfahrung ist somit unsere Meditation, und Meditation ist unsere Erfahrung.

Innerhalb von Bewußtheit können wir einen anderen Bereich erfahren, eine andere Welt. Das ist der Beginn zur vollen Entwicklung unseres übersinnlichen Potentials, das ein natürlicher Teil unseres Seins ist. Haben wir einmal einen gewissen Grad an Offenheit erreicht, können ungewöhnliche Erfahrungen auftreten, die uns vielleicht erschrecken, wenn wir nicht wissen, wie wir mit ihnen umgehen oder über sie hinausgehen können.

Es ist möglich, das Potential für diese Erfahrungen sehr schnell zu entwickeln, besonders dann, wenn wir uns bestimmte Energien richtig erschließen. Deswegen ist es wichtig, sehr behutsam vorzugehen und bewußt und ausgeglichen zu bleiben; sonst können wir uns in einer Erfahrung verfangen oder uns in eine unheilvolle Richtung entwickeln.

Besonders in solchen Zeiten brauchen wir einen Lehrer oder vertrauenswürdigen Freund, der diese Ebenen selbst erfahren hat und uns mit dem Weg vertraut machen kann. In den traditionellen Schriften gibt es bestimmte Anweisungen, die in einer solchen Situation hilfreich sein können. Da jedoch jede Person die Erfahrung anders erlebt, werden die Anweisungen für jede Person unterschiedlich sein. Wir müssen also vorsichtig sein; sonst können wir durch unsere Phantasien verwirrt werden. Wenn wir ›fliegen‹ wollen, kann uns ein guter Lehrer die Landkarte zeigen, so daß wir auch am gewünschten Ziel landen können.

Selbst in Zeiten, in denen unsere Meditation gut verläuft, sorgen wir uns manchmal, weil wir keine dieser ›mystischen‹ oder ›übersinnlichen‹ Erfahrungen machen, und denken, es gäbe keinen Fortschritt. Aber wir sollten uns nicht darum kümmern, ob wir Bilder oder Farben sehen oder ob wir astral durchs Universum fliegen können, denn solche Erfahrungen sind nicht sehr wichtig und können uns sogar in Schwierigkeiten bringen.

Erfahrungen, die über unser gewöhnliches Fassungvermögen hinausgehen und überaus schön sind, können sich den in der Meditation Erfahrenen und sogar uns von selbst eröffnen. Aber sie sind nicht notwendigerweise ein Zeichen dafür, daß wir ›fortgeschritten‹ oder ›spirituell‹ entwickelt sind. Diese Erfahrungen beruhen ausschließlich auf den Eigenschaften unseres Bewußtseins. Sogar wenn sie ganz von selbst auftreten, können sie ein Hindernis für tatsächlichen Fortschritt sein, falls wir an ihnen festhalten. Vielleicht wollen wir gar nicht über sie hinausgehen oder wir wissen nicht einmal, daß wir dies tun können.

Der wahre Prüfstein unserer Kraft und unseres Fortschritts ist die Fähigkeit, unsere Hindernisse und Emotionen in heilsame Erfahrungen umzuwandeln. Wenn unser Alltagsleben ausgeglichener wird, negative Emotionen ihre Macht verlieren und uns nicht mehr aus der Bahn werfen können, dann fangen der Nutzen und die direkten Ergebnisse der Meditation an, auf sehr subtilen Ebenen zu wirken. Sobald wir mit unseren Schwierigkeiten gelöster umgehen können, wir unsere Emotionen ausgleichen und alles Negative in Positives und Erfreuliches verwandeln können, trägt unsere Meditation wirklich Früchte.

Grundsätzlich ist unsere Meditation überall. Wir können selbst in unseren negativen Emotionen, unseren Leidenschaften oder Konzepten eine eigentümliche Schönheit entdecken – eine innere Schönheit, die uns anlächelt und aus uns herausstrahlt. Und wer sind ›wir‹? Die Bewußtheit selbst. Vorher konnten wir dies nicht sehen oder haben es nicht bemerkt, aber jetzt entdecken wir, daß Bewußtheit bereits da ist. Jeden Augenblick ist sie präsent, und unsere Übung, unser Leben und unser Arbeiten in der Welt fallen uns leichter. Sie sind Teil dieser Offenheit. Wir betrachten die Schwierigkeiten in unserem Leben oder unserer Meditation nicht mehr als unüberwindliche Hindernisse, und vielleicht wünschen wir uns, daß wir schon eher verstanden hätten, daß wir gar nicht so sehr kämpfen müssen.

Haben wir einmal meditative Bewußtheit berührt, lösen sich alle unsere Fragen auf, denn sowohl die Fragen als auch ihre Antworten liegen in der Meditation begründet. Wenn wir zum Beispiel noch nie zuvor an einem bestimmten Ort gewesen sind, haben wir viele Fragen dazu. Aber nachdem wir einmal dort waren, ist diese Erfahrung die Antwort auf unsere Fragen.

Obwohl es uns zeitweise nicht gelingt, den Kontakt zu meditativer Bewußtheit herzustellen, werden wir sie nie verlieren, denn wir können sie immer wieder erwecken, indem wir so-

wohl das ›Subjekt‹ als auch das ›Objekt‹ unserer Erfahrung loslassen und in unsere innere Stille eintreten. Dort entwickeln
sich von selbst tiefere Ebenen von Bewußtheit. Wenn wir diese
Lehren erfahren, so daß wir sie in uns selbst verstehen können,
und wenn wir sie ernsthaft und hingebungsvoll üben, dann ist
Bewußtheit immer für uns zugänglich.

Je weiter wir diese Bewußtheit entwickeln, desto leuchten-
der und lebendiger wird sie für uns. Gedanken lenken uns nicht
mehr ab; wir bleiben offen, klar und ausgeglichen. Diese durchdringende Offenheit ist wie das Sonnenlicht, das in alle Richtungen strahlt. Wenn wir keinen festen Standpunkt einnehmen,
ist das Tor zur Erleuchtung vollständig geöffnet, und wir verstehen ganz von selbst, was als ›universeller‹ Geist, Unendlichkeit oder wirkliches Verstehen bezeichnet wird.

Wenn du einmal ein bißchen verstanden hast, mache weiter.
Du wirst merken, daß deine Last abnimmt und leichter wird.
Du wirst vertrauensvoller und offener werden. Dann wirst du
selbst zu den Lehren, denn das gesamte Universum ist die Bewußtheit deines eigenen Geistes.

Ausgeglichenheit entwickeln

Haben wir meditative Bewußtheit,
wissen wir, wie wir jede Erfahrung unmittelbar berühren können.
Und so lassen wir uns nicht
von Erwartungen, Enttäuschungen oder
Ernüchterungen anziehen und gefangennehmen.

AUS der absoluten Perspektive existiert nur reine Bewußtheit. Bewußtheit selbst hat keinerlei Trübungen, daher akzeptiert sie alle Muster und Erfahrungen. Sobald ›Erfahrungen‹ durch die Sinne gefiltert werden und sich Wahrnehmungsmuster ansammeln, formt sich aus allen Bildern, Erinnerungen und Überlegungen das, was wir ›Bewußtsein‹ nennen. Damit ist nicht gesagt, daß ein festes, ursprüngliches oder bestimmtes Bewußtsein entstünde. Wir *denken*, da sei ein Bewußtsein, aber es ist lediglich eine Ansammlung von Mustern, die sich wie Staub angehäuft haben: Diese Anhäufung nennen wir das ›Selbst‹. Wären wir in der Lage, alle diese Muster wegzufegen, so daß der Raum des Geistes leer wäre, dann könnten wir keinerlei Bewußtsein vorfinden. Am ›Ende‹ des Bewußtseins funktioniert das Bewußtsein selbst nicht mehr. Es ist transzendiert. Was bleibt, ist Bewußtheit – gegenwärtige Bewußtheit, die immer in unserem Körper und unserer Energie verfügbar ist.

SchülerIn: Wie kann ich wissen, daß ich Bewußtheit habe? Wird es mir mein Gefühl sagen?
Rinpoche: Nein. – Gefühle gehören zum Bereich des Bewußtseins. Es gibt Bewußtheit *innerhalb* von Bewußtsein – Bewußtheit *von* etwas –, und es gibt Bewußtheit *jenseits* von Bewußtsein. Solange wir Bewußtheit *von* einer Sache haben, liegt Be-

wußtheit innerhalb des Bewußtseins – wir nehmen die Existenz von Bäumen, Bergen usw. mit Hilfe des Bewußtseins wahr. Wir ordnen unsere Erfahrungen abstrakt durch Worte, Begriffe, Bilder und Vorstellungen zu bestimmten Mustern. Doch der mystische oder höhere meditative Zustand der Bewußtheit existiert nicht innerhalb des Bewußtseins. Er geht über unser durch die Sinne geprägtes Verstehen, über Symbole, Begriffe und Vorstellungen hinaus. Ohne diese tiefere Bewußtheit unterliegen wir weiterhin der Macht unserer Gewohnheiten, auch wenn wir sehr helle und angenehme Gefühle bei unserer Meditation erleben.

SchülerIn: Dann verwirrt es mich allerdings, daß es Meditationen gibt, die sich *auf* etwas konzentrieren, wie Visualisation, oder daß Lehrer Anweisungen geben, in einer bestimmten Weise zu meditieren.
Rinpoche: Visualisation ist eine Art der Meditation und gerade am Anfang sehr hilfreich. Fortgeschrittene Meditierende erkennen jedoch, daß es niemanden gibt, der irgend etwas tut. Darauf machen die Anweisungen aufmerksam. Wenn wir das erkennen, brauchen wir sie nicht mehr, denn wir sind bereits ›da‹.

SchülerIn: Was ist der Zusammenhang zwischen ›Konzentration‹, ›Bewußtsein‹ und ›Bewußtheit‹?
Rinpoche: Wenn wir uns konzentrieren, ist möglicherweise Bewußtsein vorhanden, aber ohne Bewußtheit. Bewußtsein ohne Bewußtheit ist wie Milch ohne Sahne oder wie eine Orange ohne Saft.

SchülerIn: Ist Bewußtheit ohne Konzentration möglich?
Rinpoche: Ja. Genau das versuchen wir zu entwickeln. Zuerst konzentrieren wir uns, danach sind wir mit unserem Bewußtsein bewußt, und allmählich nimmt unsere meditative Bewußtheit zu und entwickelt sich, bis sie schließlich grenzenlos

ist. Es ist sehr wichtig, unsere Gedankengebäude einzureißen, denn in gewissem Sinne errichtet Konzentration eine Schale um die Meditation – etwas Greifbares oder Festes, mit dem wir uns verbinden können. Unmittelbare Bewußtheit versucht, diese Schale zu durchdringen.

SchülerIn: Wie geben wir das Bewußtsein auf, ohne Bewußtheit zu verlieren?

Rinpoche: Wir müssen alle Vorstellungen, alle Standpunkte und jede Art von Konzentration, an denen wir uns festhalten, loslassen. Wir begrenzen unsere Bewußtheit dadurch, daß wir uns in unseren Gedanken verstecken. Es besteht die Gefahr, daß all die Bilder und spontanen Gedanken, die in der Meditation auftauchen, uns so faszinieren, daß wir sie nicht aufgeben wollen. So bleiben wir einfach in ihnen und glauben, wir seien sehr mächtig und hätten alles unter Kontrolle – *unseren* Geist, *unsere* Gedanken, *unsere* Meditation. Bestimmte Visualisationen und Mantren können eine Brücke zwischen Bewußtsein und Bewußtheit bauen. Damit können wir die auf das Bewußtsein begrenzte Meditation aufgeben. Zudem können wir durch positive Handlungen Körper, Rede und Herz reinigen.

SchülerIn: Können wir mit Konzentration unsere Bewußtheit aufbauen?
Rinpoche: Ja, nach und nach. Es dauert jedoch sehr lange, bis unsere Konzentration gefestigt ist; und eine starke Konzentration zu entwickeln bedeutet nicht notwendigerweise, daß wir auch Bewußtheit entwickeln.

SchülerIn: Wie erkennen wir, ob wir richtig meditieren?
Rinpoche: Die unteren Stufen der Meditation sind immer mit Dualitäten verbunden, mit einem ›Ich‹, das sich einer ›Sache‹ bewußt ist, wohingegen die höhere Stufe der Meditation über das Bewußtsein hinausgeht. Der Unterschied liegt darin, ob wir uns eines Objektes bewußt sind – eine Wahrnehmung, die kei-

nen Widerspruch duldet –, oder einfach bewußt sind – reine Bewußtheit. Bewußtsein sammelt geistige Eindrücke, während Bewußtheit das nicht tut. Solange wir uns innerhalb der Meditation Gedanken, Bilder und Objekte bewußt sind, hängen wir immer noch an den sinnlichen, keinen Widerspruch duldenden Wahrnehmungen unseres Bewußtseins. Und solange wir uns innerhalb des Bewußtseins bewegen, erfahren wir verschiedene physische Empfindungen, Gefühle und Interpretationen: auf und ab, glücklich und unglücklich, ausgeglichen und unausgeglichen.

Wenn wir meditieren, erscheint es uns oft so, als hätten wir weniger Gefühlsschwankungen, Beunruhigungen und Ablenkungen. Das bedeutet jedoch nicht, daß wir über die gewöhnliche Ebene hinausgehen, denn die alten negativen Muster sind noch vorhanden. Unsere Gedanken zu beobachten, unsere Gefühle zu untersuchen und uns darauf zu konzentrieren, unsere Wahrnehmungen zu verfeinern, sind vorübergehend Hilfsmittel, die uns glücklich und zufrieden machen können. Wollen wir jedoch meditative Bewußtheit entwickeln, müssen wir über die Grenzen sinnlicher oder verstandesmäßiger Bewußtheit, die sich auf Objekte richtet, hinausgehen. Mit anderen Worten: Wir müssen über unser Bewußtsein hinausgehen.

SchülerIn: Wie gehen wir über Bewußtsein hinaus?
Rinpoche: Durch unmittelbare Bewußtheit! Es scheint jedoch so, daß wir in der Meditation immer etwas tun wollen – etwas Festes berühren wollen. Wir wollen immer Ergebnisse sehen, anderenfalls meinen wir, unsere Erfahrung hätte keinen Wert. Wir meditieren vielleicht vier, fünf Jahre lang und finden nichts Greifbares. Unsere Meditation scheint dunkel, dumpf und langweilig zu sein. Wir sind vielleicht enttäuscht und hören auf zu meditieren. Dies ist eine schwierige Situation. – Das, was wir suchen, geben wir auf!

SchülerIn: Wollen Sie damit sagen, daß das, was wir in der Me-

ditation lernen, uns dazu veranlaßt, unser Üben aufzugeben?
Rinpoche: Was wir aufgeben, sind unsere Erwartungen. Das kann uns irritieren, da wir gewöhnlich glauben, alles, was wir nicht besitzen können, hätte nichts mit *mir* zu tun.

SchülerIn: Was ist dann der Nutzen von Meditation, wenn es nichts mit *mir* zu tun hat?
Rinpoche: Der Nutzen ist nicht greifbar. Er zeigt sich darin, daß wir keine Standpunkte beziehen und so weit wie möglich über das Ego hinausgehen. Bewußtheit ist kein greifbares ›Ding‹, und diese besondere ›Nicht-Dingheit‹ ist nicht faßbar, und es kann nicht auf sie gezeigt werden. Selbst ›nichts‹ hat keine Bedeutung. Bewußtheit hat keine Hände. Wenn wir darüber sprechen, ist es nur ein Geräusch. Sobald wir dies tiefer begreifen, denken wir vielleicht plötzlich: ›Was mache ich bloß? Es hat keinen offensichtlichen Sinn, hier zu sein.‹ Aber diese Einstellung ist ungesund.

SchülerIn: Empfinden *Sie* das so?
Rinpoche: Ich erwähne dies, weil oft gefragt wird: ›Haben Sie irgendwelche Erfahrungen gemacht?‹ Wir glauben, es sei von größter Wichtigkeit, ›Erfahrungen‹ zu haben. Aus diesem Grunde beurteilen wir ununterbrochen unsere Meditationen und drängen uns, ›Erfahrungen‹ zu haben. Das kann zu einer Leidenschaft werden. Wir möchten uns angenehm, ruhig, still und ausgeglichen fühlen. Manche meinen, es wäre wichtig, Visionen zu haben, in andere Bereiche zu gehen oder sich mit unsichtbaren Geistern zu verständigen.

SchülerIn: Das ist ja auch viel angenehmer, als sich niedergeschlagen zu fühlen.
Rinpoche: Richtig. Aber wenn wir tiefer *in* die Meditation hineingehen, sind diese Gefühle nicht länger vorhanden. Je öfter wir höhere Meditationsstufen erleben, desto mehr *werden* wir zu jener Bewußtheit. – Die Erfahrungen können uns nicht ab-

lenken. Wir ziehen sie nicht an uns heran und stoßen sie nicht von uns weg.

SchülerIn: Das ist, als würden Sie sagen, daß jemand, der Erleuchtung erlangt, enttäuscht würde.

Rinpoche: Genau. Ich denke, es ist so. Wir sind enttäuscht, weil unsere Erwartungen nicht erfüllt werden. Wir haben uns unglaubliche Phantasien erschaffen und aufgebaut – alles, was wir uns vorstellen oder erhoffen konnten –, aber je mehr wir höhere Bewußtheit entwickeln, desto deutlicher erkennen wir, daß diese Vermutungen, Träume und Phantasien nicht existieren.

Ist es nicht gefährlich, unsere heißgeliebtesten Illusionen über Bord zu werfen? Wir haben vielleicht sechs oder sieben Jahre lang täglich ein oder zwei Stunden meditiert und geglaubt, daß wir etwas erreichen. Doch jetzt erkennen wir, daß es nichts zu erreichen gibt.

Wir fragen uns vielleicht, warum wir uns mit Meditation plagen sollen, wenn sie für unsere Gefühle, unsere Wahrnehmungen und unsere körperliche oder geistige Verfassung keinen Nutzen bringt.

SchülerIn: Ist Meditation nicht für irgend etwas gut?
Rinpoche: Meditation kann uns helfen, heiter und entspannt zu sein. Sie kann uns körperliche und geistige Ausgeglichenheit ermöglichen. Aber wenn unsere Erfahrungen tiefer werden, erkennen wir, daß diese höhere Form von Meditation einfach *ist*. Sie hat keinen Zweckcharakter.

SchülerIn: Warum lehren Sie dann Meditation?
Rinpoche: Der Zweck des Lehrens ist es, die Menschen zu enttäuschen. Die Menschen brauchen Ent-täuschung! Solange wir etwas erwarten, gibt es immer Enttäuschungen.

SchülerIn: Ich *erwarte* Enttäuschungen – ich brauche keine!

Rinpoche: Das ist der einzige Weg, aufzuwachen. Sobald mehr Enttäuschung entsteht, können Sie aufwachen.

SchülerIn: Dann sollte ich schon sehr wach sein.

SchülerIn: Es scheint, daß ein Leben voller Liebschaften leichter wäre als Meditation.

SchülerIn: Das Leben versorgt uns mit zahlreichen Enttäuschungen.

Rinpoche: Richtig. Meditieren wir wirklich gut, lernen wir immer dazu und arbeiten immer mit unseren Enttäuschungen. Wir wissen mit der Welt und unseren täglichen Erfahrungen umzugehen. Das ist der *wahre* Lernprozeß. Unser Leben wirklich zu betrachten, ist die intelligente Art zu meditieren. Andernfalls leben wir einfach unser Leben, ohne von unserem spirituellen Verständnis zu profitieren.

Damit meine ich, daß uns Meditation ins Leben zurückbringt. Wir müssen vielleicht kämpfen, wenn wir jedoch entschlossen sind, durch Schwierigkeiten hindurchzugehen, anstatt zu versuchen, ihnen zu entfliehen oder sie zu vermeiden, können wir alles erfahren – sehen, hören, schmecken, riechen, fühlen und bewußt sein – und mit jeder Situation tanzen, anstatt uns vor ihr verstecken oder schützen zu müssen. Haben wir meditative Bewußtheit, wissen wir, wie wir jede Erfahrung unmittelbar berühren können. Und so lassen wir uns nicht länger von Erwartungen, Enttäuschungen und Ernüchterungen anziehen und gefangennehmen. Leben wir auf diese Weise, bekommt unser Leben viel Sinn und Wert.

Normalerweise meinen wir, Dumpfheit und Ruhelosigkeit seien negativ, während wir Glück und Heiterkeit als positiv empfinden. Wir beziehen immer Stellung. Bewußtheit jedoch ist weder glücklich noch traurig, weder positiv noch negativ. Den einzigen Standpunkt, den Bewußtheit einnimmt, ist Ausgeglichenheit. Wir können zum Beispiel lernen, sehr schnell unsere emotionalen Zustände zu wechseln. Zwei Minuten lang können wir zornig sein und zwei Minuten friedlich, zwei Minuten niedergeschlagen und zwei Minuten erfreut; wir können mehrere Male hin- und herwechseln, von negativ zu positiv, von positiv zu negativ. Allmählich werden wir so beweglich, daß wir jede Haltung leicht einnehmen können. Wir sind nicht festgelegt. Vorher konnten wir nicht wählen, wie wir uns fühlen. Jetzt haben wir die Wahl.

SchülerIn: Wer hat die Wahl?
Rinpoche: Unser Geist hat sie. Wenn wir zornig, niedergeschlagen oder irgendwie anders gestimmt sind und diesen Zustand blitzschnell verändern können, entwickeln wir Beweglichkeit und Ausgeglichenheit. Normalerweise drücken wir Emotionen einfach aus und werden in einer bestimmten Emotion, einem Drama oder einer Beziehung gefangen. Dann dauert es lange, bis wir uns beruhigen, die Situation untersucht, verdaut und die Erfahrung so verändert haben, daß wir sie leichter annehmen können. Bewußtheit ist jedoch scharf. Sie ist wie eine elektrische Ladung. Wir können jede Situation augenblicklich ändern.

SchülerIn: Wollen Sie damit sagen, daß wir in einer bestimmten Situation nicht einfach reagieren, sondern mit ihr experimentieren sollen? Wenn jemand etwas Bestimmtes sagt, können wir darüber entweder verärgert oder glücklich sein? Können wir damit experimentieren?
Rinpoche: Richtig. Experimentieren Sie mit Ihren Gedanken und Reaktionen. Zeitweise werden wir dadurch glücklich und zeitweise ärgerlich. Wir hängen vielleicht an einem bestimmten Selbstbild oder wollen uns nicht die Wahrheit über uns eingestehen. Es ist uns unangenehm, schnell von einer Gemütsverfassung in die andere zu springen. Vielleicht fällt es uns schwer, friedvoll zu sein. Sind wir dann friedvoll, fällt es uns sehr schwer, zornig zu werden, und wieder ist es sehr schwierig, friedvoll zu werden. Manchmal müssen wir also sehr beharrlich sein, um durch unsere Widerstände hindurchzugehen. Wir

sollten sorgfältig beobachten, wer uns zurückhält und was die Wurzel der Blockade ist. Indem wir sehr schnell hin- und herspringen, erforschen wir die Gegensätze.

SchülerIn: Wie beeinflußt das den Entscheidungsprozeß? Was soll ich mit meinem Leben tun? Wie verhalte ich mich in einer Situation am Besten?

Rinpoche: Vertrauen Sie Ihrer Bewußtheit, und Ihr Körper und Ihr Geist werden für sich selbst sorgen.

SchülerIn: Macht es keinen Unterschied, was wir tun oder welche Arbeit wir haben?

Rinpoche: Wir können nichts falsch machen, und uns kann kein Schaden zugefügt werden, denn Bewußtheit ist wie die Sonne, die immer Licht schenkt und niemals Dunkelheit. Warum messen wir Bewußtheit soviel Bedeutung zu? Weil sie keine Emotionen oder Verdunkelungen ansammelt, Gewohnheitsmuster nicht verstärkt und kein Leiden verursacht. Bewußtheit ist wie ein Lotus. Sie hat ihre Wurzeln im Schlamm, ihre Blüte jedoch ist immer rein. Deswegen sollten wir unsere Bewußtheit täglich, so gut wir können, entwickeln.

Um Bewußtheit zu entwickeln, müssen wir zuerst wissen, wie wir richtig meditieren. Als nächstes müssen wir wissen, wie wir über Meditation hinausgehen, und schließlich, bei fortgeschrittenen Lehren, wie wir sie aufgeben! Wenn ich sage: ›Hört auf zu meditieren!‹, meine ich, daß wir eine an Begriffe gebundene *Vorstellung* von Meditation haben. *Diese* sollen wir aufgeben. Ich sage nicht, wir sollen nicht meditieren. Wir müssen die begriffliche Vorstellung von Meditation aufgeben, aber weiterhin in Bewußtheit bleiben. Bisher haben wir vielleicht morgens und abends dreißig Minuten oder eine Stunde meditiert, und jetzt meditieren wir *ununterbrochen*.

SchülerIn: Bedeutet das, daß wir andere Meditationsübungen aufgeben sollen?

Rinpoche: Ja, immer dann, wenn wir uns mit ›unserer‹ Meditation identifizieren. Haben wir bezüglich Meditation Gefühle, Meinungen, Vorstellungen oder Begriffe, sollten wir sie loslassen. Meditation hat keine Struktur, sie gehört nicht ›uns‹. Mit anderen Worten: Haben wir Bewußtheit entwickelt, gibt es kein ›Ich‹ mehr. Ist das verständlich? Unsere Bewußtheit schaltet unser Ego aus.

Das ist die Herausforderung. Wir brauchen uns nicht besonders anzustrengen. Wir sind einfach geistig und körperlich völlig ausgeglichen und halten gleichzeitig unsere Bewußtheit offen. Meditation findet nicht im Kopf statt. Meditation ist keine Vorstellung. Köpfe erschaffen lediglich Vorstellungen, nichts weiter. Auf dieser Ebene der Bewußtheit sind sich-selbsterhaltende Vorstellungen wertlos, denn wir sind innerhalb des Gedankens. – Wir werden zu Bewußtheit. Wir bleiben weiterhin vollständig bewußt, sind uns dessen jedoch nicht notwendigerweise bewußt. Deshalb ist es gut, wenn wir sitzen und meditieren. Doch wir müssen unsere Vorstellungen und Meinungen über unsere Meditation aufgeben. Haben wir sie aufgegeben, dehnen wir alles aus, was noch bleibt, ohne daran festzuhalten. Das ist Bewußtheit. Wir sollten sie uns durch tägliches, sorgfältiges und geschicktes Üben erhalten. Nimmt Bewußtheit zu, kann uns nichts mehr begrenzen, auch nicht Meditation. So werden wir vollkommen offen und ausgeglichen.

FÜNFTER TEIL

ÜBERLIEFERUNG

Die Beziehung zwischen Lehrer und Schüler

Es ist schwierig, einen qualifizierten Lehrer zu finden
und ebenso schwierig, die Verantwortung zu übernehmen,
ein guter Schüler zu sein.
Dies bedeutet nicht nur, hart zu arbeiten,
sondern auch, dem Lehrer gegenüber
empfänglich, offen und ergeben zu sein.

IN DER westlichen Welt wird Wissen sehr angestrebt und hoch geschätzt. Jedoch wird unter Wissen gewöhnlich nur Gelehrsamkeit verstanden – eine Anhäufung von Informationen, die ein aus unmittelbarer Erfahrung herrührendes Verstehen im Grunde genommen ignoriert. Die Bedeutung, die die Übertragung von Wissen hat, die Lehrer und Schüler in einem dynamischen Prozeß miteinander verbindet, wurde dabei im wesentlichen übersehen. Die Haltung gegenüber dem Lernprozeß scheint manchmal sehr mechanistisch zu sein. – Wir bezahlen eine gewisse Gebühr und erwarten dafür, ein oder zwei kluge Perspektiven oder einige nützliche ›Techniken‹ zu bekommen.

Die traditionelle Lehrer-Schüler-Beziehung, die auf gemeinsamem Lernen und gegenseitiger Anteilnahme, auf echter Hingabe und Dankbarkeit gegründet ist, wird hier nur von wenigen befürwortet. Schüler und Schülerinnen sammeln Informationen bei Lehrern und Lehrerinnen, die selbst erfolgreich durch denselben Prozeß des Anhäufens von Informationen gegangen sind. Die einzige gegenseitige Verpflichtung besteht in Informationsaustausch. Es gibt selten irgendeine persönliche

Beteiligung von beiden Seiten, und oft vergessen Schüler und Lehrer einander, sobald der Kurs oder die Vorlesung vorbei ist. Die Tradition, auf Erfahrung beruhendes Wissen vom Lehrer an den Schüler weiterzugeben, ist hier im Westen ganz in Vergessenheit geraten, obwohl es eine solche Beziehung in einigen europäischen esoterischen Schulen bis vor wenigen Jahrhunderten noch gab. Ist jedoch die Verbindung zwischen Lehrer und Schüler einmal abgebrochen, ist es schwierig, sie wieder herzustellen, und dann ist auf Erfahrung beruhendes Wissen schwer zu erlangen. Zwar ist dieses Wissen der natürliche Zustand des Geistes, und es gibt einige wenige Gelegenheiten, mit dieser Bewußtheit von selbst in Berührung zu kommen, aber ohne richtige Führung ist es sehr schwierig, die notwendige Grundlage zu entwickeln, eine solche Erfahrung aufrecht zu erhalten, sie in die gewünschte Richtung zu lenken und in unser tägliches Leben zu integrieren.

In den letzten Jahren sind einige Lehrer und Lehrerinnen der verschiedensten Traditionen in den Westen gekommen, und einige ihrer Lehren scheinen Fuß gefaßt zu haben. In gewisser Weise war der ›revolutionäre‹ Geist, der in Amerika immer noch lebendig ist, sehr hilfreich für diese Entwicklung. Offenheit und die Bereitwilligkeit, unterschiedliche Menschen und Denkmodelle anzuerkennen, haben dies ermöglicht. Aber ›Tradition‹ wird oft voller Mißtrauen betrachtet. Obwohl das von den Lehrern des Ostens mitgebrachte Wissen eine gewisse Anziehungskraft auf uns ausübt, tendieren wir dazu zu versuchen, die traditionellen Wege zu umgehen und uns diese Erkenntnisse mit Hilfe westlicher Systeme zu erschließen, anstatt traditionelle Methoden zu nutzen, die oft für irrational und unwirksam gehalten werden. Oder wir haben uns vielleicht dermaßen an die wissenschaftliche Herangehensweise gewöhnt, daß wir, selbst wenn wir sie nicht besonders schätzen, uns noch unbehaglicher fühlen, wenn wir mit der Wärme der traditionellen Lehrer-Schüler-Beziehung in Berührung kommen, die gegenseitige Achtung und gegenseitiges Vertrauen fordert.

In Tibet kennt man ein bestimmtes Hochwild, das eine sehr begehrte Sorte Moschus liefert, die sehr wertvoll für die Herstellung von Duftstoffen und Medikamenten ist. Jäger legen große Entfernungen zurück, um diese Substanz zu bekommen, wobei sie auf das Leben des Tieres nicht die geringste Rücksicht nehmen. Ähnlich scheinen Schüler manchmal ihren Lehrer nur für das zu schätzen, was er ihnen geben kann. Sie denken, sie könnten seinen Kopf kaufen. Aber diese Haltung stört den Lernprozeß, denn die Entwicklung einer gesunden, auf gegenseitigem Respekt und gegenseitiger Wertschätzung gegründeten Beziehung ist sowohl für den Schüler als auch für den Lehrer von größter Bedeutung. Besonders für den Schüler ist dies sehr wichtig, denn es gibt keinen Weg, echtes Verstehen zu erlangen, als durch unmittelbare Erfahrung – und dieser Lernprozeß braucht die Führung eines Lehrers.

Oft versuchen wir, Lehren wie Briefmarken zu sammeln. Wir glauben, durch das Sammeln von Informationen von hier und da – etwas vom Hinduismus, von den Sufis, ein wenig Kagyu, Nyingma und Zen – Wissen zu erlangen. Aber eine willkürlich getroffene Auswahl unterschiedlicher Erklärungen, Begriffssysteme und Techniken kann eher schaden als nutzen. Bruchstücke, die man aus dem Zusammenhang reißt, verlieren oft ihren Sinn und können uns eine verdrehte Sicht der betreffenden Lehren vermitteln.

Lehrer bzw. Lehrerinnen haben unterschiedliche Lehrmethoden und Persönlichkeiten; auf der gewöhnlichen Ebene stimmen sie vielleicht nicht einmal überein. Aber das ist in Ordnung und kann sich sogar als wertvoll erweisen. Wäre diese Vielfalt nicht notwendig, dann gäbe es nur eine Lehre und nur eine Form von Übung. Ein Schüler oder eine Schülerin sollte sich durch diese Unterschiede jedoch nicht faszinieren lassen und sich nicht angewöhnen, zwischen den verschiedenen verfügbaren Lehrern und auch nicht zwischen den scheinbar widersprüchlichen Handlungen des gewählten Lehrers hin- und herzuspringen. Das wichtigste Anliegen eines Schülers muß es sein, ein positives Verhältnis zu einem Lehrer aufzubauen und zu bewahren, bis sich vollkommenes Verstehen entfaltet.

So scheint es wichtig zu sein, sich zuerst genau zu überlegen, was wohl einen guten Lehrer oder eine gute Lehrerin auszeichnet, und sich dann zu vergewissern, daß der gewählte Lehrer jemand ist, dem wir trauen können, dem wir auch dann bereitwillig folgen, wenn der Weg schwieriger wird, als wir es erwartet haben. Den Anweisungen des Lehrers zu folgen, heißt nicht, alles blind zu glauben, was uns erzählt wird. Aber nachdem wir uns die nötige Zeit genommen haben, sorgfältig einen Lehrer auszuwählen, der unseren Glauben und unser Vertrauen inspiriert, ist es wichtig, seiner Führung gegenüber offen zu bleiben. Wir sollten darauf achten, uns durch unsere vorgefaßten Meinungen, wie ein Lehrer zu sein hat, nicht selbst zu beschränken. Äußerlichkeiten bedeuten uns oft sehr viel – unsere Sinne wollen angeregt werden oder wir wollen ›gute Schwingungen‹. Zudem wünschen wir uns einen angenehmen Weg, auf dem wir leicht weiterkommen. Aber ein Lehrer oder eine Lehrerin sollte – wie ein Präsident – nicht aufgrund seines schönen Gesichts gewählt werden.

Ein Lehrer, dem wir vertrauen können, daß er uns richtig führt, sollte die Lehren aufgrund seiner Erfahrung verwirklicht haben und von Mitgefühl durchdrungen sein. Es ist auch wichtig, daß er seine Schüler und Schülerinnen versteht und sie wirklich etwas lehren will. Er sollte frei sein von emotionalen oder eigennützigen Beweggründen, denn dadurch kann die Beziehung beeinträchtigt werden. Mit anderen Worten, er muß wissen, was er tut.

Ein Lehrer muß selbst ausgeglichen sein, um seine Schüler und Schülerinnen ins Gleichgewicht bringen zu können. Viele Traditionen neigen jedoch dazu, einen Aspekt der Schulung besonders zu betonen. Oft bieten Lehrer kein ausgewogenes System von Lehren an; sie legen vielleicht Wert auf Meditation, ohne den notwendigen philosophischen Hintergrund zu vermitteln, oder sie verknüpfen Gelehrsamkeit nicht mit ausreichender praktischer Erfahrung, um ein Gleichgewicht herzustellen. Deswegen sollte man darauf achten, ob ein Lehrer Studium und Übung den gleichen Stellenwert gibt oder nicht.

Es ist schwierig, einen qualifizierten Lehrer zu finden und ebenso schwierig, die Verantwortung zu übernehmen, ein guter Schüler zu sein. Dies bedeutet nicht nur, hart zu arbeiten, sondern auch, dem Lehrer gegenüber empfänglich, offen und ergeben zu sein. In unserem westlichen Erziehungssystem werden derartige Eigenschaften nicht besonders gefördert. Deswegen fällt es uns manchmal schwer, sie aufrecht zu erhalten.

Wenn wir gerade anfangen, einem spirituellen Weg zu folgen, werden wir oft von großer Begeisterung getragen, aber es mangelt oft an der nötigen Beständigkeit und Ausdauer, dabeizubleiben, wenn die anfängliche Faszination erst dahinschwindet. Wir werden zum Licht der Lehre hingezogen, aber wir flüchten, sobald uns dessen Wärme unbehaglich wird. Die Neuheit der Beziehung hält uns vielleicht eine Zeitlang, aber dann werden unsere großen Erwartungen nicht erfüllt oder der Lehrer verlangt etwas von uns, was wir nicht mögen, oder er verlangt Disziplin, die unsere Freiheit zu beschneiden scheint. Wir reden uns dann vielleicht ein, wir hätten genug Lehren empfangen und brechen ab – oft nur, um nach einem neuen und ›besseren‹ Lehrer Ausschau zu halten.

Verlassen wir jedoch einen Lehrer wegen Schwierigkeiten in unserer Beziehung mit ihm, hilft es selten, zum nächsten zu gehen, denn die Schwierigkeiten, mit denen wir nicht fertig werden, sind oft nur Manifestationen von in uns selbst liegenden Hindernissen. Nachdem wir eine vertrauensvolle und ernsthafte Beziehung zu einem Lehrer aufgebaut haben, kann ein Bruch für Lehrer und Schüler gleichermaßen zu großen Enttäuschungen führen. Wir können dadurch sogar sehr verbittert werden und glauben, wir hätten unsere Zeit verschwendet. Dadurch kann sich eine wertvolle Gelegenheit zu wachsen in eine sehr negative Situation verwandeln. Sobald wir einen Lehrer haben, ist es am Besten, uns dieser Beziehung fest zu verpflichten, so daß wir wirkliche Fortschritte auf unserem Weg machen können. In gewisser Weise ist es sogar unwichtig, wie uns ein Lehrer zu sein *scheint*, denn es kommt nur auf unsere *Beziehung* zu ihm an. Diese Beziehung ist einzigartig. Sie ist mehr als eine gewöhnliche Freundschaft, die selten lange hält. Diese Beziehung bleibt bestehen, bis wir vollkommene Erleuchtung erlangt haben. Das ist ihr Ziel, und wenn wir es erreichen wollen, dann müssen wir daran arbeiten, sie zu schützen. Unser ›Weg‹ tut sich vor uns auf, wenn wir diese Verbindung zu dem Zeitpunkt herstellen, an dem wir einen guten Gefährten auf unserer Reise treffen.

Selbst wenn der Lehrer oder die Lehrerin irgendwie nicht richtig für uns ist und weit davon entfernt zu sein scheint, vollkommen zu sein, können wir uns daran erinnern, daß diese Unterscheidungen nicht so wichtig sind, wie sie uns erscheinen. – Denn was wirklich zählt, ist die Möglichkeit, zu wachsen und zu lernen. Dann können wir diese Gelegenheit nutzen, fleißig uns selbst zu studieren und zu erkennen, wo unsere Schwächen liegen. Vielleicht entdecken wir schließlich, daß die Fehler bei uns selbst liegen und daß der Lehrer sie uns nur gespiegelt hat. Wenn wir das akzeptieren und lernen, den Ratschlägen des Lehrers zu vertrauen, selbst wenn sie unserem Verständnis und unseren Wünschen zuwider laufen, dann trägt diese Beziehung Früchte, und wir machen wirklich Fortschritte.

Ein verwirklichter Lehrer sieht nicht nur auf eine Weise. Er sieht nicht nur gegenwärtige Handlungen, sondern auch ihre Konsequenzen. Wenn wir also seinen Ratschlägen folgen, werden wir – auch wenn wir sie zum gegenwärtigen Zeitpunkt nicht verstehen – später vielleicht feststellen, daß sie uns in einer Weise geholfen haben, die wir uns vorher nicht vorstellen konnten. Dann fällt es uns vielleicht schwer, nachzuvollziehen, wie wir die Hilfe unseres Lehrers – die neuen Dimensionen, die er uns eröffnete – nicht beachten konnten.

Die Lehrer-Schüler-Beziehung kann eine der fruchtbarsten Erfahrungen unseres Lebens sein und unsere Entwicklung in so vielfältiger Weise beschleunigen und bereichern, wie wir es nie für möglich hielten. Ebenso kann sie eine offene Haltung fördern und es uns ermöglichen, alles zu empfangen, was uns der Lehrer oder die Lehrerin anzubieten hat. Dabei werden uns möglicherweise schwierige Aufgaben gestellt, denn manchmal können schädliche Verhaltensmuster nur durch größte Beharrlichkeit unsererseits überwunden werden. Der Lehrer ist da, um uns unser Potential und unsere Fähigkeiten zu zeigen. Wenn wir schließlich die Ratschläge des Lehrers mit unseren Erfahrungen verknüpfen und den Wert seiner Lehren erkennen, können wir uns selbst mit mehr Klarheit sehen und deshalb erfolgreicher mit unseren Schwierigkeiten umgehen. Im Rückblick auf unsere Veränderungen können wir die Fähigkeit des Lehrers erkennen, negative Faktoren in etwas Heilsames und Wertvolles zu verwandeln. Deshalb sollten wir von unserem Lehrer überzeugt sein und ihm ganz vertrauen; dann kann wirkliches

Lernen stattfinden, das oft in unerwarteter oder enttäuschender Weise geschieht.

In der Beziehung zwischen Schüler und Lehrer können äußere, innere und geheime Lehren weitergegeben werden; sie sind durch das Band der Beziehung miteinander verknüpft. Ohne eine persönliche und enge Verbindung zu einer bestimmten Übertragungslinie ist die Bedeutung von ›Verwirklichung‹ sehr schwer erfahrbar. Ist die Verbindung da, erkennen wir die Güte des Lehrers, und eine sehr schöne, auf Ehrlichkeit, Anteilnahme und Vertrauen basierende Beziehung entwickelt sich. Nun entströmt unserer Offenheit Mitgefühl, und wir verstehen, welche Verantwortung wir uns und anderen gegenüber haben.

Der Lehrer, die Lehren und wir selbst sind die notwendige Grundlage für spirituelle Entwicklung. Diese drei müssen eine enge Verbindung eingehen, wenn echter Fortschritt erzielt werden soll. Fehlt eine dieser Komponenten, dann wird unser Wachstum erschwert. Zusammen sind sie wie gute Freunde, die sich vertrauen und sich beistehen. Damit uns die Lehren übertragen werden können, müssen wir offen und aufnahmebereit bleiben – wie ein weißes Tuch, das mit der Farbe der Lehre getränkt wird. Oder wir werden – wie ein Film in einer Kamera – in das Bild des Lehrers verwandelt, wenn wir dem Licht der Lehren ausgesetzt sind.

Ist die Übertragung vom Lehrer an den Schüler vollständig und offen, dann erleben wir tatsächlich den Lehrer, die Lehren und uns selbst als eins. Haben wir diese Verwirklichung erreicht, erscheint es uns, als hätten wir in einer winzigen dunklen Kammer gelebt, in der nur eine Laterne Licht spendete, aus der wir dann plötzlich in einen weiten, unbegrenzten, sonnenhellen Raum geführt wurden. Die Freude und Klarheit dieser Erfahrung belohnt alle Mühen der Lehrer-Schüler-Beziehung. Die Wichtigkeit dieser Beziehung kann nicht genug betont werden. Wenn die Verbindungen, durch die auf Erfahrung beruhendes Wissen übertragen wird, nicht in dieser Generation aufrechterhalten werden, gehen unermeßliche Schätze an Wissen verloren.

Dem inneren Lehrer vertrauen

Letztlich sind wir selbst unser bester Lehrer.
Sind wir offen, bewußt und achtsam,
können wir uns selbst richtig führen.

SCHÜLER/SCHÜLERIN: Wie können wir die notwendige Offenheit entwickeln, um herauszufinden, was für uns als Individuen richtig ist? Was ist der Katalysator, der diesen Entwicklungsprozeß beschleunigt?

Rinpoche: Normalerweise brauchen wir dazu einen Lehrer oder eine Lehrerin. Aber ein Lehrer kann nicht in ein oder zwei Wochen feststellen, was für uns richtig ist. Das ist ein langwieriger, anspruchsvoller Vorgang. Zuerst werden uns vielleicht verschiedene Übungen gegeben, denn der Lehrer muß unser Bewußtsein kennenlernen; er muß wissen, wie unsere Sinne reagieren. Nachdem wir diese Übungen einige Zeit durchgeführt haben, beschreiben wir dem Lehrer unsere Erfahrungen und erhalten persönliche Anweisungen. Dann üben wir wieder und sprechen unsere Erfahrungen erneut durch.

Unser intuitives inneres Wachstum erfordert einen qualifizierten Lehrer, denn einige Dinge sind ohne die Anleitung durch jemanden, der ein gewisses Verständnis und eine gewisse Verwirklichung erlangt hat, schwierig zu lernen. Es gibt jedoch auch Lehrer, die zwar sehr viel wissen, aber dennoch nicht den Geist und die Erfahrung von allen Schülern tief verstehen. Auch wenn sie einiges über eine Person wissen, nehmen sie vielleicht nicht die feineren Unterschiede zwischen jedem individuellen Bewußtsein wahr. Die feinsten Unterschiede kann nur jemand erkennen, der vollkommen verwirklicht ist.

Es gibt ein System der geistigen Diagnose, das ein Lehrer benutzen kann, um die besonderen Bedürfnisse von jedem

Schüler zu bestimmen. Dieses System bietet Schüler und Lehrer eine zuverlässige Vorgehensweise. In den letzten Jahren wurde diese genaue Methode jedoch selten angewendet. Heutzutage bestehen Seminare gewöhnlich aus ein- bis zweihundert Studierenden. Aber ein Lehrer kann seine Studierenden ohne näheren Kontakt und ohne enge Beziehung zu ihnen nicht richtig kennenlernen.

SchülerIn: Meinen Sie, daß es immer notwendig ist, einen persönlichen Lehrer zu haben, um einem spirituellen Weg zu folgen?

Rinpoche: Das ist sehr schwer zu verallgemeinern. Es gibt Menschen, die die Führung eines Lehrers benötigen, andere brauchen sie vielleicht nicht. Wenn wir keinen Täuschungen mehr unterliegen und alleine zurechtkommen, brauchen wir vielleicht keinen Lehrer; aber bis dahin sollten wir zumindest spirituelle Freunde haben, die uns hilfreich zur Seite stehen.

Auf dem spirituellen Weg gibt es viele Hindernisse, wie unsere inneren Zwiegespräche, unsere Gefühle, unsere Sorgen oder sogar unsere Freunde oder Familien. Gute Einflüsse sind deshalb äußerst wichtig. Interessieren wir uns für den spirituellen Weg, kann die Verbindung mit Menschen ähnlicher Wesensart uns unterstützen, schützen und größere Verwirrung verhindern. Zu Beginn haben wir viele Schwierigkeiten, so daß es ohne diese Unterstützung schwierig ist, den Weg im Auge zu behalten. Wenn wir auf uns selbst achten können – um so besser –, aber bis wir soweit sind, ist es wichtig, sich eine unterstützende, harmonische spirituelle Umgebung zu wählen. Das heißt nicht notwendigerweise, daß wir die Welt meiden sollten, sondern nur, daß wir uns bis zu einem gewissen Grad schützen sollten. Entwickeln wir unsere innere Stärke, können wir vielleicht sowohl für andere als auch für uns selbst sorgen. Kümmern wir uns jedoch verfrüht um andere, verlieren wir möglicherweise die bereits gewonnene Stärke und fügen uns unter Umständen sogar Schaden zu.

Bis wir gelernt haben, uns selbst zu schützen, neigen wir schnell dazu, in die alten Muster zurückzufallen und zu vergessen, was wir durch unser Üben bereits erreicht haben. Wir müssen uns selbst ermutigen und stark sein. Selbstdisziplin bedeutet ›richtiges Handeln‹ – das heißt, für uns das Bestmögliche zu tun. Ist unser Geist nicht ausgeglichen, sind es unsere Handlungen auch nicht. Wir fallen von einem Extrem ins andere und bereiten uns selbst und anderen weiterhin Enttäuschungen. Um unser Ego zu disziplinieren, ist es am Besten, mit uns selbst Freundschaft zu schließen. Sind wir heiter gestimmt, wird das Ego ruhig und ruft keine Frustration und Unzufriedenheit hervor. Wir haben Probleme, weil wir *denken*, welche zu haben, und da wir an sie *glauben*, verfangen wir uns in frustrierenden Situationen. Konflikte entstehen, wenn wir unserer eigenen inneren Stimme nicht folgen.

SchülerIn: Gibt es einen Zeitpunkt, an dem ein Schüler seinen Lehrer verlassen und auf eigenen Füßen stehen sollte, auch wenn seine Praxis nicht vollkommen ausgereift ist?
Rinpoche: Meiner Meinung nach müssen wir zuerst fähig sein, uns in der Welt zurechtzufinden und uns nicht täuschen zu lassen. Dann können wir vielleicht gehen. Sobald wir das Wesentliche wissen, in uns gefestigt sind und Vertrauen haben, können wir uns nach und nach entwickeln. Wir können lernen, an allen unseren Fehlern zu wachsen.

SchülerIn: Was ist der Unterschied zwischen Hingabe und Abhängigkeit?
Rinpoche: Intellektuell betrachtet ist Hingabe keine besonders hohe Tugend, da die meisten Menschen ihren psychologischen Nutzen nicht erkennen oder verstehen. Obwohl Hingabe emotional ist, schafft sie sowohl Empfänglichkeit als auch Stärke oder Energie, die zur Entwicklung und Steigerung von Bewußtheit genutzt werden können. Hingabe ist spirituell wertvoll, weil sie unseren innersten Bestrebungen und Idealen

Ausdruck verleiht. Sie erzeugt eine sich selbst erneuernde Offenheit.

SchülerIn: Können sich Emotionen manchmal motivierend auswirken? Nehmen wir das Beispiel einer Flamme: Wenn wir etwas pusten, brennt sie besser. So gesehen erscheinen Emotionen sinnvoll.

Rinpoche: Richtig. Aus diesem Grund legen Religionen so großen Wert auf Hingabe. Obwohl manchmal angenommen wird, Hingabe basiere auf blindem Glauben und sei ein Anzeichen mangelnder Intelligenz, sind Hingabe und Gebet sehr wirkungsvolle und kraftvolle Mittel, um subtilere Schichten von Bewußtheit zu entwickeln und zu berühren. Durch Hingabe lernt der Meditierende innerlich die Inspiration und Lehren der Übertragungslinie kennen.

SchülerIn: Ich stelle fest, daß es mir schwerfällt, mir eine Vorstellung von einem Lehrer zu machen. Ich habe nach einem Lehrer gesucht, und mir scheint, ich suche nach jemandem, den ich verehren oder hochachten kann und der alle meine Wünsche erfüllt. Könnten Sie die Rolle eines Lehrers etwas ausführlicher darlegen?

Rinpoche: Vor einigen Jahrhunderten standen Religion und Spiritualität in sehr hohem Ansehen, aber als die Menschheit anfing, sich mehr wissenschaftlich zu orientieren, änderte sich diese Haltung. Alles mußte nun intellektuell und wissenschaftlich bewiesen werden, und da Wissen oder Verständnis, das durch Intuition oder Glauben gewonnen wurde, nicht wissenschaftlich nachweisbar ist, wurden Glauben und Hingabe mit Schwäche in Verbindung gebracht. So verursacht heutzutage bereits der Versuch, sich hinzugeben, viele innere Konflikte. Völliges Vertrauen in einen anderen Menschen gefährdet die Unabhängigkeit des Egos. Wenn dies geschieht, kann die Beziehung zwischen Lehrer und Schüler unbehaglich werden. Wir bemerken, daß der Lehrer behandelt wird, als wäre er dem

Schüler gegenüber irgendwie höhergestellt, was unseren Sinn für Gleichheit verletzt. Wir erkennen nicht den darinliegenden Wert. Aber wenn ein Mensch wirklich fähig ist, Lehrer zu sein, können wir durch Glauben und Hingabe an ihn sehr viel gewinnen, und unser Vertrauen ist nicht unangebracht. Ein fähiger Lehrer nimmt die Verantwortung auf sich, unser inneres Wachstum und unsere Entwicklung zu führen und zu inspirieren.

Die Beziehung zwischen Lehrer und Schüler hängt von gegenseitiger Verpflichtung und gegenseitigem Vertrauen ab. Es liegt an uns, welche Gestalt diese Beziehung annimmt. Wenn wir einem Lehrer folgen und glauben, manipuliert oder nicht ernst genommen zu werden, oder denken, der Lehrer spiele mit uns, ist unsere Hingabe vielleicht nicht sehr heilsam, denn unser spirituelles Wachstum kann sich nur in Offenheit und Ehrlichkeit entfalten. Wir verlangen nach Führung, aber wir wollen uns nicht sagen lassen, was wir tun sollen – denn das bedroht unser Ego. Eine Situation, in der ein anderer scheinbar mehr weiß als wir, behagt uns nicht. Wir wollen das Gefühl haben, durch uns selbst zu lernen. Wenn uns also der Lehrer oder die Lehrerin bestimmte Informationen oder einen Rat gibt, insbesondere, wenn er unseren eigenen Wünschen widerspricht, ärgern wir uns vielleicht über den Lehrer und wollen möglicherweise die Beziehung abbrechen. Sind wir nicht bereit, uns selbst ehrlich gegenüberzutreten, und brechen deshalb eine vertrauensvolle Beziehung, der wir uns verpflichtet haben, ab, ist es möglicherweise sehr schwierig, echten spirituellen Fortschritt zu erzielen.

Es gibt Schüler, die große Hochachtung vor der Lehre haben, aber nicht so sehr vor dem Lehrer. Es ist jedoch wichtig, Lehrer und Lehre als eins zu betrachten. Ein Schüler oder eine Schülerin möchte vielleicht *versuchen*, einem Lehrer zu folgen und sogar eine Verpflichtung eingehen, um herauszufinden, ob es gelingt. Diese Einstellung ist jedoch keine ausreichende Grundlage für eine ernsthafte Beziehung. Dadurch können

Lehrer und Schüler wertvolle Zeit verschwenden. Deswegen ist es wichtig, eine ernsthafte Verpflichtung dem Lehrer gegenüber zu entwickeln, die auf gegenseitigem Vertrauen und Respekt gegründet ist.

Auf einer äußeren Ebene besitzt der Lehrer die Inspiration einer ganzen Übertragungslinie vorhergegangener Lehrer. Dieses Wissen gibt er unmittelbar an seinen Schüler weiter. Diese ›Übertragung‹ können wir uns wie eine Druckplatte vorstellen: Ist sie einmal hergestellt, druckt sie jedesmal dasselbe. Diese Übertragung hat die Kraft, uns mit einer Art Elektrizität aufzuladen, so daß wir wie ›Licht‹ werden. Mit Hilfe dieses Lichtes können wir entdecken, daß wir selbst die Übertragungslinie *sind*. Übermittelt der Lehrer dem Schüler die Lehre, so wächst der Schüler in das Bild des Lehrers hinein, bis er selbst ein Lehrer wird.

›Lehrer‹ bedeutet auf einer inneren Ebene ›innere Bewußtheit‹, unser eigenes wahres Wesen. Wir können auch unser Wissen, unsere Erkenntnisse und unsere alltägliche Erfahrung als unseren Lehrer verstehen; aber sogar das erfordert den Schutz und die Inspiration eines ›wirklichen‹ Lehrers. Wenn sich unser Herz öffnet, entwickeln sich unsere Hingabe und unser Mitgefühl hin zu tiefer Gelassenheit. Dann ist der Lehrer vielleicht einfach ein Symbol für die positive Energie, die frei wird, wenn sich Hindernisse auflösen und eine reiche innere Erfahrung sich von selbst entfaltet.

Da wir einen Sinn für innere Wahrheit haben, sehnen wir uns möglicherweise nach einem Lehrer, der uns die Erkenntnis der letztgültigen Wahrheit vermittelt. Aber ein Mensch, der nie Fehler macht, ist vielleicht schwer zu finden oder nicht verfügbar. Unsere Suche kann in größter Enttäuschung enden.

Deswegen müssen wir zuerst unsere Erwartungen loslassen. Wenn wir uns öffnen, fällt es uns leichter, die positiven Eigenschaften eines Lehrers zu erkennen. Diese Eigenschaften entfalten sich in diesem offenen Raum, in unserem Bewußtsein. Ob das äußere Instrument der Übertragung zerbrochen oder unvollkommen ist, ist nicht wirklich wichtig. Wir können dennoch bedeutsame Erfahrungen sammeln, wenn wir mit diesem Instrument arbeiten. Haben wir Bewußtheit in uns selbst entwickelt, wird sich alles in unserer Beziehung zum Lehrer als sinnvoll herausstellen.

Vielleicht ist ein Lehrer nur ein Katalysator, jemand, der uns den Weg zeigt, der uns führt und sogar schubst, damit wir unser wahres Wesen verwirklichen können. Die Beziehung zum Lehrer wird dann zu der umfassenden Situation, durch die wir wachsen.

Im Grunde ist ein Lehrer ein guter Freund, jemand, der uns führen und aus schwierigen Situationen heraushelfen kann. In diesem Sinne kann jede Person und jede Situation unser Lehrer, Freund und Führer sein, auch wenn wir manchmal durch sehr schmerzhafte oder unliebsame Bereiche gehen müssen.

Damit steht noch ein weiterer Aspekt in Verbindung. So wie die Welt hauptsächlich aus Wasser besteht, besteht der Mensch hauptsächlich aus Emotionen. Diese emotionale Eigenschaft will mit Freude und Liebe genährt werden. Die Sehnsucht nach Beziehungen oder Bindungen zu anderen ist sehr groß. Wir brauchen Unterstützung, wir brauchen Erfüllung, aber oft können wir uns nicht auf Freunde oder Liebespartner, auf die Gesellschaft oder selbst auf unsere eigenen Eltern verlassen. Es gibt niemanden, der uns nah genug steht, um uns wirklich zu erfüllen. Wir mögen Freunde und Verwandte haben und sehr erfolgreich im Berufsleben sein, dennoch sind wir innerlich noch nicht zufrieden, weil wir einsam sind. Wir sehnen uns nach Erfüllung unserer Wünsche, und dieses Verlangen selbst schafft eine emotionale Grundstimmung, die sich auf alles, was wir tun, auswirkt. So bauen sich Frustration und Verbitterung auf. Sobald wir aufhören, außerhalb unserer selbst nach Erfüllung zu suchen, lassen ganz allmählich unsere Wünsche nach und wir werden immer weniger von unserem Verlangen getrieben.

Sind wir sehr empfindsam, kann uns vergängliche und selbstsüchtige ›Liebe‹ nicht zufriedenstellen. Wir müssen einen

Menschen finden, auf den wir uns wahrhaft verlassen können, einen, den wir ohne Angst vor Ablehnung lieben können. Dann sind wir frei, aus unserem eigenen Verständnis heraus zu handeln, aus unserem offenen Herz, aus unseren erwachten Energien. In diesem Sinne ist der Lehrer ein Spiegel für unser höheres Selbst. Er erweckt die Quelle unseres inneren Wissens und unseren Sinn für vollkommene Erfüllung. Wenn unser Herz offen ist, steigt die ›erwachte Erfahrung‹ in uns auf. Wir werden sie ohne Zweifel erkennen.

SchülerIn: Wie können Sie uns als Lehrer bei der Weiterentwicklung unserer Meditation helfen, nachdem wir gelernt haben, richtig zu meditieren?

Rinpoche: Zuerst zeigt der Lehrer oder die Lehrerin gewisse Übungsschritte auf und ermutigt den Schüler, diesen zu folgen, so daß er nach und nach zu denselben Erfahrungen kommt wie der Lehrer. Das ist der traditionelle Weg. Da der Lehrer das Gebiet gut kennt, kann er dem Schüler die Landkarte erklären und ihm den Weg zeigen. Die Verantwortung des Schülers ist es, der Karte genau zu folgen. Tut er das nicht, dann wird sich die Erfahrung oder Erkenntnis nicht einstellen.

Einige Menschen haben einen unmittelbaren Zugang zur Meditation. Sie sind vollkommen bereit, den Anweisungen des Lehrers zu folgen. Aber andere sind nicht in der Lage, Anweisungen zu folgen. Vielleicht ist ihr Bedürfnis, den meditativen Zustand zu erfahren, auch nicht stark genug, und obwohl sie Bücher über Meditation lesen und jeden Tag üben, können sie immer noch nicht meditieren. Können wir den Anweisungen des Lehrers folgen, ist es möglich, diese als eine Art Übertragung mit einer gewissen Anziehungskraft zu betrachten, die uns verstehen hilft. Wir erkennen, daß alle Vorstellungen und Theorien nur Fahrzeuge oder Instrumente sind, die unserem Verständnis dienen. Wird dieses Verstehen selbst erhellt und still, erübrigen sich alle weiteren Fragen und Antworten.

Es gibt bestimmte Zeiten oder Tage, an denen wir uns von

selbst in einem meditativen Zustand befinden. Dann gibt es keine Probleme. – Meditation geschieht einfach. Es ist eine Zeit, in der wir gut meditieren können. Die Meditation selbst nimmt sich unserer an und wird zu unserer Lehrerin. Letztlich sind wir selbst unser bester Lehrer. Sind wir offen, bewußt und achtsam, können wir uns selbst richtig führen.

Demnächst erscheinen:

TARTHANG TULKU : *Innere Kunst der Arbeit – Ein sanfter Weg zum Erfolg*
In der Arbeit können wir die Zufriedenheit und Erfüllung finden, die das
Leben wirklich lebenswert machen. Doch heutzutage hat Arbeit für die
meisten ihre inspirierende Kraft verloren. Das Buch zeigt auf, wie wir die
Freude am Arbeiten wiedergewinnen und uns den Reichtum unseres inneren
Seins in allen unseren Handlungen erschließen können. Jede Erfahrung
wird zu einer Herausforderung, die uns einlädt, gemäß unserem ganzen
menschlichen Potentials zu leben und zu arbeiten.

TARTHANG TULKU (Hrsg.) : *Schritte auf dem Diamantweg*
Verschiedene Artikel geben eine Einführung in den Vajrayana Buddhismus.
Wir finden Wissenswertes zu Übertragungslinien, traditionelle Belehrungen
und Lehren für uns Menschen im Westen. In den Übersetzungen von Texten
des großen Meisters des 19. Jahrhunderts, Paltrul Rinpoche, und den
Artikeln von Tarthang Tulku wird deutlich, welche Relevanz dieses alte
Wissen für unser heutiges Leben besitzt. Buddhistische Lehren, besonders
die zum ›Nicht-Selbst‹, werden so dargelegt, daß sie auch dem westlichen
Leser verständlich werden.

Reihe : Jataka Geschichten für Kinder erzählt
Die Jataka Geschichten haben ihren Ursprung in jahrtausendealten
Erzählungen Asiens. Als Tierfabeln zeigen sie, wie die Kraft von Mitgefühl
und Weisheit jede Situation verändern kann. Für Kinder von 3 - 8 Jahren.
Mit Seiten zum Ausmalen. – Bisher sind erschienen :

Das kleine Kaninchen und die Angst
Die Angst eines Kaninchens bringt viele Tiere in Gefahr, bis sie ein weiser
Löwe rettet.
26 Seiten, broschiert, DM 18,50

Gute Freunde sind viel wert
Eine Falkenfamilie lernt den Wert der Freundschaft kennen.
28 Seiten, broschiert, DM 18,50

Der Papagei und der Feigenbaum
Ein Papagei wird in seiner Treue zu einem Feigenbaum auf die Probe gestellt.
28 Seiten, broschiert DM 18,50, gebunden DM 28,50

Dharma Publishing Deutschland
Wilhelmstraße 28 · D - 48149 Münster
Telefon: 02 51 - 29 62 47 · Telefax: 02 51 - 27 27 10